REICHENAU
SCHÖNE INSEL IM BODENSEE

Der Verlag Stadler dankt der Gemeinde Reichenau für die umfassende Unterstützung und die konstruktive Zusammenarbeit für diesen Bildband.

Fotografie: Theo Keller jun.

Texte von Hans Ulrich Wepfer:
Annäherung. Ankunft. Rundgang. Ausblick.
Die Gemeinde Reichenau und ihr wirtschaftliches Leben.
Die Insel der Gärtner, Winzer und Fischer.

Texte von Monika Spicker-Beck:
Sanctus Pirmin. Augia dives – die reiche Au.
Abteikirche und Klostergelände. Niederzell. Oberzell.
Das Reichenauer Skriptorium. Walahfried, der Dichtermönch.
Hermann, das Wunder des Jahrhunderts. Reliquien.
Niedergang. Das Erbe.

Übersetzungen:
Englisch von Claire Gordon
Französisch von Nicole Gellrich
Italienisch von Salvatore Meli

Gesamtgestaltung: Barbara Müller-Wiesinger, Freiburg

Satzteam Benz & Partner, Konstanz
Druckerei Konstanz GmbH, Konstanz
Buchbinderei Moser, Weingarten

Stadler Verlagsgesellschaft mbH, Konstanz 1992

ISBN 3-7977-0263-9

Verlag Stadler Konstanz

REICHENAU
SCHÖNE INSEL IM BODENSEE

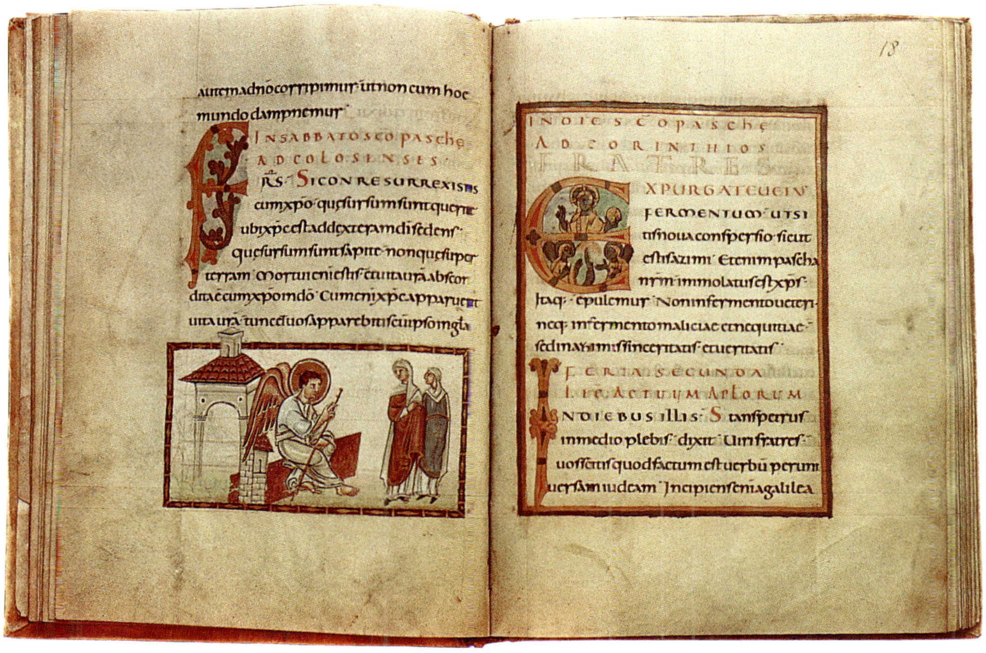

Theo Keller
Monika Spicker-Beck
Hans Ulrich Wepfer

Die Insel Reichenau vom thurgauischen Seerücken aus gesehen. Links erkennt man die Halbinsel Mettnau bei Radolfzell; rechts der Mitte liegt vor den waldigen Höhen des Bodanrücks die Ortschaft Allensbach am Gnadensee.

Reichenau island seen from the Swiss side of the lake, from Thurgau. On the left is the Mettnau peninsula near Radolfzell. Right of centre on the Gnadensee is the town of Allensbach, in the background the wooded heights of the Bodanrück ridge.

L'île de Reichenau vue des côteaux suisses du ›Seerücken‹ dans le Thurgau. A gauche on reconnait la presqu'île de Mettnau, près de Radolfzell, un peu à droite au milieu on trouve la commune d'Allensbach, au bord du Gnadensee, juste avant les hauteurs boisées du ›Bodanrück‹.

L'isola di Reichenau, vista dal Seerücken, dalle colline lungo il lago nella Torgovia. A sinistra del »Gnadensee« si può riconoscere la penisola di Mettnau vicino a Radolfzell; a destra nel mezzo prima delle boscose alture del Bodanrück si trova la località di Allensbach.

Annäherung

Der vollkommenste Anblick der Reichenau bietet sich vom schweizerischen Seerücken aus. Man folgt der Straße, die von Tägerwilen Richtung Zürich führt, schwenkt im Wald gleich rechts ab, kommt alsbald wieder aus dem Wald heraus – und hat die ganze Insel vor sich! Der Blick schweift zunächst hinüber zum Damm, welcher von einer majestätischen Pappel-Doppelreihe markiert wird, dann über die von alten Weiden umstandene Ruine Schopflen zur Georgskirche in Oberzell und zur Hochwart über dem Rebberg bis hin nach Mittel- und Niederzell.

Vollkommen ist der Blick auch im ästhetischen Sinn, dann nämlich, wenn die Vormittagssonne zwar die Umrisse betont, aber das dicht überbaute Zentrum der Insel und die starren Glasflächen der Treibhäuser wie ausgeblendet erscheinen. Gebannt bleibt der Blick an der Insel hängen, und erst allmählich nimmt er wahr, in welch herrlich vielfältige, reizvoll wechselnde Gegend die Reichenau eingebettet ist. Nur wenige hundert Meter trennen sie von der Landzunge Ermatingens, von Allensbach, der Mettnau und der Höri; und auch nach Radolfzell und Steckborn sind es nur wenige Kilometer, wenn man den »Seeweg« benutzt. Der Hegau breitet sich zwischen den aus Urzeiten stehengebliebenen Vulkanen aus, und die weitausgestreckten, bewaldeten Höhen des Schienerbergs und des Seerückens umrahmen gemeinsam mit den flacheren, reichgewellten des Bodanrücks die heitere Szenerie. Begreiflich wär's schon, hätte der liebe Gott, am Samstagabend seiner Schöpfungswoche hier angekommen, gesagt: »Doo gfallt's mer, doo höör' i!« So will es nämlich die Überlieferung. Von der Halbinsel Höri blickt man denn auch geradewegs hinüber nach der Reichenau.

Ankunft

Zwar ist die Anfahrt über den Damm wegen der Pappelallee eindrücklich, doch »klassisch« wäre die Ankunft zu Schiff. Möglich ist sie allerdings nur zwischen Ostern und Oktober mit schweizerischen und deutschen Kursschiffen oder der Fähre von Allensbach. Der Schiffsreisende nähert sich der Insel somit meist von Süden oder Südosten, von der »Rheinseite«. Er erkennt die strandnahen Häuschen und Villen zwischen den vielen Bäumen und davor, mehr im als am Wasser, die gemütlichen Dächer einer alteingesessenen Bootswerft, den Landesteg und daneben das Hotel Löchnerhaus.

Spannend ist auch die Wasserfahrt auf den Motorschiffen der Deutschen Bundesbahn: ab Radolfzell über Iznang zur Halbinsel Mettnau, vorbei an der Dichtervilla Viktor von Scheffels und an der winzigen Liebesinsel. Über den Zellersee grüßt die Hörikirche, über den Untersee der weiße Kirchturm von Berlingen, und von weiter her grüßen die Schlösser Arenenberg und Salenstein.

Nach der Fahrt zur Insel über den Damm liegt links, hart an der Straße, die mächtige Ruine Schopflen. Beim »Bruckgraben«, einer Durchfahrt für kleine Boote, ruft eine moderne Statue des Klostergründers Pirmin mit erhobenem Kreuz in Erinnerung, daß hier geheiligter Boden beginnt.

At the end of the causeway, on the left by the roadside are the impressive Schopflen ruins. Near the »Bruckgraben«, a thoroughfare for smaller boats, stands a statue of St. Pirmin the founder of the monastery with a raised crucifix. This is meant to remind us that we are entering holy ground.

Après avoir effectué le trajet sur la digue on rencontre à gauche, juste au bord de la route, les ruines imposantes de Schopflen. Près du »Bruckgraben«, un passage pour les petits bateaux, se dresse une statue moderne du foncateur de l'île: Saint Pirmin. Au moyen de la croix qu'il tient dressée devant lui, il nous rappelle qu'une terre sainte commence en cet endroit.

Quando si arriva sull'isola con l'automobile attraverso il terrapieno rialzato, a sinistra si trovano le rovine del castello Schopflen. Sul ponte »Bruckgraben«, un piccolo transito per piccole barche, una statua moderna del fondatore del monastero Pirminio ricorda con una croce alzata, che da quel punto comincia la terra benedetta.

Von der Schifflände Ermatingen hat man einen herrlichen Blick zum Hegauplateau mit seinen Vulkankegeln. Das Schiff strebt in weitem Bogen zur nächsten Anlegestelle auf der Insel Reichenau.

The landing stage in Ermatingen offers a marvellous view extending as far as the Hegau plateau with its volcanic peaks. The boat sails in a wide arc to the next jetty on the Reichenau.

Du débarcadère d'Ermatingen on a une vue magnifique sur le haut-plateau du Hegau, que dominent ses coupoles volcaniques. En décrivant de larges boucles le bateau s'efforce de gagner l'appontement suivant: celui de l'île de Reichenau.

Dai moli di Ermatingen si ha una splendida vista dell'altipiano dell'Hegau con i suoi vulcani a cono. La nave segna un ampia curva per raggiungere il prossimo approdo sull'isola di Reichenau.

Ebenfalls nicht zu übersehen sind die Hegauberge vom Turm des Inselmünsters aus. Zwischen den ufernahen Baumgruppen erkennt man die Zwillingstürme von Niederzell.

The Hegau hills can be seen equally well from the tower of the abbey. The twin towers of Niederzell church can also be glimpsed through the trees along the water's edge.

Du haut de la tour de la basilique de l'île on ne peut pas non plus manquer de voir les montagnes du Hegau. Entre les groupes d'arbres proches de la rive on reconnait les tours jumelles de Niederzell.

La vista delle montagne dell'Hegau dalla torre del monastero dell'isola non è da mancare. Tra i gruppi di alberi vicini alla riva si possono riconoscere le torri gemelle di Niederzell.

Unweit der Ruine Schopflen liegt am Gnadensee die Landzunge Bibershof. Dort beginnt, bzw. endet das Naturschutzgebiet um die östliche Bucht des Gnadensees; westwärts blickt man zur Kirche Oberzell.

Not far from the Schopflen ruins, the Bibershof promontory juts out into the Gnadensee. This marks the boundary of the nature reserve around the east bay of the Gnadensee. To the west is Oberzell church.

Près des ruines de Schopflen, dans les eaux du Gnadensee, se trouve la langue de terre de Bibershof. C'est là que commence ou que finit le site placé sous la protection de la nature, dans l'anse est du Gnadensee; à l'ouest on aperçoit l'église d'Oberzell.

Non lontano dalla rovina del castello Schopflen, nel »Gnadensee« si trova la lingua di terra Bibershof. Qui comincia e rispettivamente finisce il parco naturale che circonda la baia est del »Gnadensee«; a sinistra si vede la chiesa di Oberzell.

Rundgang

Sommerliches Gewimmel und Durcheinander herrschen an der Schiffsanlegestelle: Segelmasten, Schwanenfamilien, Scharen von Radfahrern, das Polizeiboot, Spaziergänger, Autos, Surfer, Cafégäste. Wo ist der »Uferweg«? Wir wählen den Uhrzeigersinn, damit wir die Sonne im Rücken haben, fädeln beim Löchnerhaus ein und gehen übers Schatthütle, am Haus des Landschaftsmalers Heinrich Lotter vorbei, zur Südwestecke der Insel. Überall sind die Gemüsebauern am Werk; uns aber zieht's an den See, auf den ufernahen Spazierweg.

Zwischen Weidenbäumen und Gestrüpp, Fischerhütten und Geräteschuppen erhaschen wir ein ums andere Mal Aussichten aufs thurgauische Grenzgebiet, auf den schmaler werdenden Untersee und die breit hingelagerte Höri-Halbinsel, die diesen vom Zellersee trennt. Hinter dem baum- und schilfbestandenen Ufer des Zellersees locken Hohentwiel, Hohenstoffeln, Hohenhöwen und Hohenkrähen (welche Aussichten von dort an Föhntagen!). Zuunterst in Niederzell, nahe der doppeltürmigen Kirche St. Peter und Paul, die man schon mehrmals zwischen den Uferbäumen hat leuchten sehen, geht's wieder auf die Landstraße, wo man auf knatternde Traktoren, fröhliche Radler und ein paar unentwegte Autotouristen trifft.

Dem Gnadensee entlang ist es wieder ruhiger. Die jenseitige Uferlinie zieht sich ziemlich gerade über Allensbach und Hegne nach Wollmatingen hin: Dort, wo der lange rote Kamin über ebenso rote Dächer ragt, ist wieder Gemarkung der Gemeinde Reichenau: Zwei Drittel ihres Gemeindegebiets liegen auf dem Festland, ziehen sich vom Schilfgürtel hinauf zu den bewaldeten Drumlins des Bodanrücks.

Zurück auf die Insel! Ungefähr beim Yachthafen sollte man sich vom Wasser trennen und dem Klosterbezirk einen längeren Besuch abstatten. Vielleicht ist es auch an der Zeit, einen Gasthof oder ein Café aufzusuchen. Danach können wir, gestärkt, noch bis zum Bruckgraben gehen, der kleineren Booten die Durchfahrt vom Gnaden- zum Untersee ermöglicht, oder uns gar bis zur Ruine Schopflen vorwagen. Den Rückweg nehmen wir aber nicht am »privaten« Ufer entlang, sondern über die Feldwege hinauf zur Hochwart, stolze 40 Meter über dem See- und 440 Meter über dem Meeresspiegel.

Vielleicht ist der Besitzer dieser Gondel eben über den Untersee oder den Gnadensee herüber zur Reichenau gerudert und hat sein Boot nur leicht das Kiesufer hinaufgezogen ...
Die meisten Gäste und Besucher der Insel kommen allerdings mit den Kursschiffen an oder sie fahren über den Damm. So oder so kommt das Gefühl auf, man sei in einer etwas anderen Welt gelandet.

The owner of this boat has probably just rowed over the Lower Lake or the Gnadensee to the Reichenau and pulled his boat up onto the shingle beach ...
Most of the guests and visitors, however, arrive on the island by tourist boat or via the causeway by car. Either way, it is like entering another world.

Peut-être le propriétaire de cette embarcation a-t-il traversé l' Untersee (Lac Inférieur) ou le Gnadensee (Lac de Grâce) pour venir sur l'île de Reichenau et peut-être n'a-t-il qu'à peine tiré son bateau sur la rive couverte de graviers ...
La plupart des hôtes et des visiteurs de l'île viennent toutefois par les bateaux réguliers ou bien ils arrivent en voiture par la digue. D'une manière ou de l'autre on a l'impression de débarquer dans un monde un peu différent.

Forse il proprietario di questa gondola ha remato fino a Reichenau lungo l'Untersee o il »Gnadensee« e poi ha tirato la barca un pò sulla riva di ghiaia ...
La maggior parte dei visitatori dell'isola arriva però col battello o attraverso un terrapieno rialzato che collega l'isola con la terra ferma. In un modo o nell'altro si ha il sentimento d'essere arrivati in un altro mondo.

Ausblick

Der Ausblick von der Hochwart faßt zusammen, was wir auf unserem Rundgang wie einen Film an uns haben vorbeiziehen lassen. Wir kennen uns nun schon ganz ordentlich aus! Bloß: Wer würde den Säntis so nahe hinter der Anhöhe über Ermatingen vermutet haben? An einem klaren Tag sieht man zudem noch die Vorarlberger Zacken und Grate. Auf der Gegenseite kann man im Sommer abends die Sonne in großer Pracht untergehen sehen – schöner als am Nordkap, sagen viele. Insel und Festland sind bald nach ihrem Abgang in Dunkel gehüllt, doch der See blinkt noch lange in allen Farben und Schattierungen, die ihm der Abendhimmel und die Wolken mitteilen.
Der Blick von der Anhöhe enthüllt leider auch viel Störendes in dieser feingegliederten Landschaft. Sowohl auf schweizerischer als auch auf deutscher Seite des Sees und auch auf der Insel selbst sind seit dem Zweiten Weltkrieg viele idyllische Flecken zugebaut worden. Altes wird schonungslos »modernisiert«; die Neubauten werden oft ohne Rücksicht auf regionale Bauweisen hingestellt. Auch die Gewächshäuser der Gemüseproduzenten werden immer großflächiger.
Wer die Insel liebt, mag daran vorbeisehen. Es bleibt vorderhand noch viel vom goldenen Überfluß, von dem das schönheitsdurstige Auge trinken kann.

Der berühmte, weithin sichtbare Reichenauer Rebhang mit der Hochwart, der höchsten Stelle der Insel, von Südwesten gesehen. Das kleine Lusthäuschen heißt im Volksmund »Ölguttere«, weil es die Form einer Ölflasche hat.

The famous Reichenau vineyards on the slopes of Hochwart hill, the highest point on the island, seen from the south-west. The little summer house is locally called »Oelguttere« (oil bottle) due to its shape.

Les vignes de Reichenau, célèbres et visibles de loin, et le Hochwart, point culminant de l'île, vus du côté sud-ouest. Le petit pavillon d'amour s'appelle en dialecte: »Oelguttere« parce qu'il a la forme d'une bouteille d'huile.

Viti nel famoso pendìo dell'Hochwart, il punto più alto dell'isola di Reichenau, visto da sud-ovest. Il piccolo padiglione ha la forma di una bottiglia da olio.

Von der Hochwart aus öffnen sich nach allen Seiten herrliche Ausblicke. Hier schauen wir in östlicher Richtung zum Schweizer Ufer, wo das behäbige Dorf Ermatingen an den sanften Hängen und auf der breiten Landzunge liegt.

The panoramic view from Hochwart hill is breathtaking. We are looking eastwards towards the Swiss shore, where the affluent village of Ermatingen lies on a wide promontory backed by gentle slopes.

Du Hochwart on a une belle vue dans toutes les directions. Ici nous regardons vers l'est, vers la rive suisse et nous voyons le village bien tranquille d'Ermatingen accroché à de doux côteaux et situé sur une large langue de terre.

Dall Hochwart si hanno delle stupende viste in tutte le direzioni. Vediamo in direzione est, verso la riva della Svizzera, il tranquillo paese di Ermatingen posato su dolci colline e su una lingua di terra.

Sanctus Pirmin …

Sanctus Pirmin kam gezogen
glaubensvoll vom Frankenland,
und er sah aus Wasserwogen
ragen einer Insel Strand.

Sanctus Pirmin stieg zu Schiffe,
freudig zog er seine Bahn
und durchfuhr die Wassertiefe,
landet drüben glücklich an.

In die Wellen schnell enteilte,
von dem Segensspruch gebannt,
alle Schlangenbrut, die weilte
bisher auf dem Inselland …

Mit diesem Lied aus der Feder des ehemaligen Inselarztes Flesch besingen die Reichenauer alljährlich am Pirminstag die Ankunft ihres Klostergründers.
Die Verse folgen getreu der Legende, nach der die Insel beim Eintreffen Pirmins um das Jahr 724 mit dichtem Gebüsch und Gestrüpp bewachsen war, aus sumpfigem Gelände bestand und lediglich von wilden Tieren, Kröten und giftigen Schlangen bewohnt wurde. Kaum aber – so die Legende – hatte der Heilige den Boden berührt, da verließ das scheußliche Getier fluchtartig die Insel und stürzte sich ins Wasser. Drei Tage und drei Nächte soll die Flucht gedauert haben.
Ob die Verwandlung des Eilands in eine bewohnbare Stätte sich für Pirmin und seine Begleiter tatsächlich so einfach gestaltete, mag dahingestellt bleiben. Zwar hatten auf der Insel in vorgeschichtlicher Zeit schon einmal Menschen gesiedelt, doch war sie zum Zeitpunkt der Klostergründung bereits seit Jahrhunderten unbewohnt. Gerade dieser Umstand ließ sie als Klosterstandort besonders geeignet erscheinen, galten doch Berge, Einöden und einsame Inseln den christlichen Missionaren als ideale Stätten klösterlicher Abgeschiedenheit. Nicht ungewöhnlich ist es deshalb, wenn der aus dem heutigen Frankreich nach Alemannien einwandernde Pirmin sich dieses unwirtliche Eiland, das damals noch den Namen *Sintlazau* trug, für seine Klostergründung aussuchte.

Während seine Kollegen Willibrord und Bonifatius die Missionsarbeit in den nördlichen Regionen des expandierenden Frankenreiches übernommen hatten, sollte Pirmin unter dem Schutz Karl Martells diese Aufgabe im Süden, bei den noch nicht sehr lange zum Reich gehörenden und sich als widerspenstig erweisenden Alemannen übernehmen. Dazu gehörten nicht nur der Aufbau der kirchlichen Organisation und die Gründung von Klöstern, sondern auch eine intensive Erziehungsarbeit. Wenn auch getauft, so waren die germanischen Völker zu diesem Zeitpunkt doch noch weit davon entfernt zu wissen, was christliche Lehren und Werte beinhalten. Weder von Adam und Eva noch von den zehn Geboten hatten sie jemals etwas gehört; auch der Begriff »Sünde« war ihnen fremd. So mußte Pirmin in seinem *Scarapsus*, einem kleinen Handbuch, das er für seine Missionstätigkeit geschrieben hatte, noch auf ganz elementare Dinge eingehen. Unter anderem mußte er ihnen erst einmal vermitteln, daß man als Christ keine Felsen, Bäume und Steine anbetet.
Pirmin und seine Begleiter rodeten nun eine Lichtung am Ufer des Gnadensees und errichteten zunächst einfache Holzbauten, die ihnen als Kirche und Wohngebäude dienten.
Der Klostergründer selbst blieb nicht lange auf der Insel. Er mußte sie wegen auftretender Differenzen zwischen dem alemannischen Herzog und dem Pirmin begünstigenden Karl Martell bereits nach drei Jahren wieder verlassen. Sein Weg führte ihn in das Elsaß und in die Pfalz, wo er noch weitere Klöster gründete.

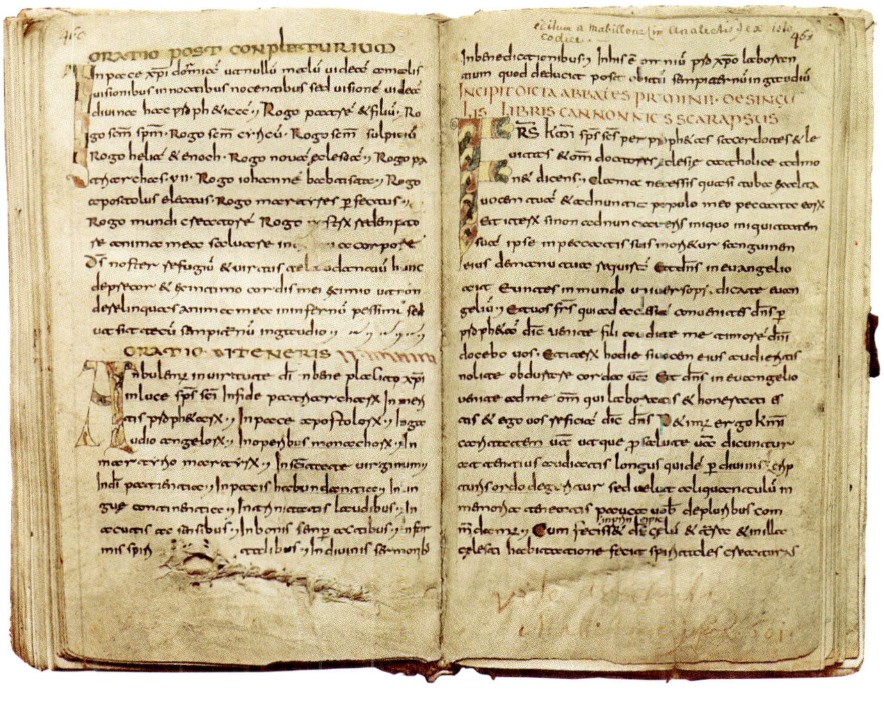

Pirmins Missionsschrift, der »Scarapsus«, ist uns in einem in der Klosterbibliothek Einsiedeln liegender Codex vom Ende des 8. Jahrhunderts überliefert. Die rote Auszeichnungsschrift auf der rechten Seite markiert den Beginn seines Textes: »Incipit dicta abbates Priminii …«

Pirmin's missionary work, the »scarapsus«, can still be seen in the Einsiedeln monastery library in one of the codices from the end of the 8th century. The red mark on the right-hand side indicates the beginning of the text: »Incipit dicta abbates Priminii …«

Les écrits missionnaires de Saint Pirmin, le »Scarapsus«, nous sont transmis dans un recueil de manuscrits précieux conservé à la bibliothèque du monastère d'Einsiedeln. Ce recueil date de la fin du huitième siècle. L'écriture décorative rouge sur la page de droite indique le début de son texte: »Incipit dicta abbates Priminii …«

L'opera missionaria lo »Scarapsus«, ci è tramandata in un codice de l'VIII secolo della biblioteca del monastero Einsiedeln. La scrittura in rosso sul lato destro indica l'inizio del suo testo: »Incipit dicta abbates Priminii …«

16 Die legendäre Flucht der Schlangen ist nicht so wörtlich zu nehmen wie sie das »Fuggerbild« aus der Zeit um 1624 zeigt. Pirmins »wunderbare« Tat bestand in der Ausrottung des »schädlichen Gewürms« der heidnischen Lehren und Gebräuche.

The legendary flight of the snakes should not be taken so literally as shown in this picture from the Fuggers painted around 1624. St. Pirmin's miraculous deed really consisted of wiping out the »harmful worms« of pagan teachings and customs.

Il ne faut pas prendre au mot la fuite légendaire des serpents, comme le montre le »tableau Fugger« réalisé aux environs de 1624. Le miracle de Pirmin fut l'extermination des »vers nuisibles«, soit les enseignements et les coutumes païens.

La leggendaria fuga dei serpenti non deve prendersi letteralmente così come mostra »l'illustrazione Fugger« del periodo verso il 1624. L'opera miracolosa di Pirminio consisteva nello sterminio dei »vermi dannosi« delle dottrine e tradizioni pagane.

17

Gesamtansicht des Klosterkomplexes vom Gnadensee aus.

View of the whole complex of the monastery from the Gnadensee.

Vue complète du complexe formé par le monastère, ensemble vu du Gnadensee.

Panorama del complesso del monastero visto dal »Gnadensee«.

Augia dives – die reiche Au

Pirmins Gründung war von Anfang an mit Grundbesitz ausgestattet. Die Einkünfte, die das Kloster aus den abgabepflichtigen Dörfern rund um den Untersee bezog, sorgten in wirtschaftlicher Hinsicht für gesicherte Verhältnisse. Adlige Wohltäter, die um ihres Seelenheils willen der Abtei durch großzügige Schenkungen ihre Gunst erwiesen, vermehrten den Umfang dieser Grundherrschaft noch beträchtlich – eine Entwicklung, die mit dem Aufstieg der Karolinger eng einherging.

Die Stifter wurden in das Verbrüderungsbuch der Reichenau aufgenommen. Der Konvent pflegte den darin verzeichneten Personen im Gebet ganz besonders zu gedenken. Besonders zu erwähnen sind in diesem Zusammenhang Markgraf Gerold, ein Schwager Karls des Großen, sowie der fast hundert Jahre später verstorbene Kaiser Karl III., den man im nachhinein mit dem Beinamen »der Dicke« bedachte. Beide wurden nach ihrem Tod auf die Insel gebracht und erhielten dort eine Grabstätte an herausragender Stelle: neben dem Hochaltar der Reichenauer Abteikirche.

Infolge der Stiftungen und Schenkungen besaß das Kloster im Laufe der Zeit zahlreiche Güter auf der Baar, auf der Alb, in der Ulmer Region, im westlichen Bodenseegebiet und in der Nordschweiz – einzelne Besitzungen reichten im Süden sogar bis zum Comer See.

Den häufig kolportierten Spruch, daß der Abt der Reichenau, wenn er nach Rom reisen wollte, jeden Abend auf eigenem Grund und Boden habe übernachten können, darf man zwar nicht ganz wörtlich nehmen, doch illustriert er durchaus den immensen Reichtum der Abtei.

Tieferer Grund für die weitreichende Unterstützung der inzwischen vom Konstanzer Bischof unabhängigen Abtei war jedoch nicht nur die Hoffnung auf das Seelenheil. Für eine Förderung in diesem Umfang erwartete man auch »weltliche« Gegenleistungen. So fungierten einige Reichenauer Äbte als hochrangige Politiker.

Abt Waldo beispielsweise wurde von Karl dem Großen nach Pavia, der Hauptstadt des Langobardenreiches, abgeordnet. Dort oblag ihm die Aufgabe, den zehnjährigen Kaisersohn Pippin zu beraten und zu erziehen, der ungeachtet seines jugendlichen Alters gerade König der Langobarden geworden war. Später übernahm Waldo die Verwaltung der Bistümer Pavia und Basel.

Auch mit diplomatischen Missionen wurden Reichenauer Äbte bisweilen betraut. Auf diese Weise gelangte Waldos Nachfolger, Abt Heito, bis nach Konstantinopel. Als enger Vertrauter Karls des Großen gehörte er einer Gesandtschaft an, die am oströmischen Hof Verhandlungen zur Verbesserung der beiderseitigen Beziehungen führen und die Anerkennung von Karls Kaisertum erwirken sollte.

Die mächtigste Position der Reichenauer Äbte hatte jedoch Hatto III. inne. Dem vielbeschäftigten Abt wurde eine Vielzahl von Ämtern gleichzeitig übertragen. Er war Erzbischof von Mainz und stand außer der Reichenau noch anderen Abteien vor. Neben diesen kirchlichen Ämtern bekleidete er das weltliche Amt des Kanzlers unter König Arnulf, den er in dieser Funktion 895/96 zur Kaiserkrönung nach Rom begleitete. Als Arnulf drei Jahre später starb, hinterließ er den sechsjährigen Ludwig als Nachfolger, als dessen Vormund Hatto die Regierungsgeschäfte führte.

Die enge Verbindung von Politik und Kirche in frühmittelalterlicher Zeit ließ die Reichsabteien zu den wichtigsten Stützpunkten der karolingischen Politik werden. Zu dieser Zeit bildeten die Abteien das Reservoir, aus dem die gebildetsten und fähigsten Männer des Reiches hervorgingen, und nur deren Elite wiederum war es vorbehalten, auf der Karriereleiter die Stufe der Abtswürde zu erreichen.

Im Münster: Blick vom Westquerhaus nach Osten. Seit der Münsterrestaurierung in den Jahren 1964–1970 ist der Blick in den offenen Dachstuhl wieder frei. Er wurde in der Form eines umgedrehten Schiffes in der ersten Hälfte des 13. Jahrhunderts errichtet.

View from the west transept of the abbey towards the east. Since the renovation of the abbey in 1964–1970 visitors can look up into the open roof truss again. It was built in the first half of the 13th century in the form of a reversed nave.

A l'intérieur de la basilique: vue du transept ouest vers l'est. Depuis la restauration réalisée dans les années 1964–1970 on a rétabli la perspective sur la charpente. Celle-ci a été construite en forme de coque de navire renversé dans la première moitié du treizième siècle.

Nel duomo: Veduta verso est dal transetto ovest. Dalla restaurazione del duomo negli anni 1964–1970 è di nuovo possibile la veduta del cavaletto del tetto. Fu costruito con la forma di una nave capovolta nella prima metà del XIII secolo.

Die Miniatur illustriert das »Lobgedicht auf Abt Witigowo« des Klosterschülers Purchard. Die personifizierte *Augia* trägt eines der vielen Bauwerke, die zu Zeiten des Abtes Witigowo entstanden oder renoviert wurden, auf ihren Schultern.

This miniature illustrates the »panegyric to Abbot Witigowo« by the scholar Purchard. The personified Augia (island) is bearing one of the many constructions, which were built or renovated during Abbot Witigowo's reign on his shoulders.

La miniature illustre le »poème à la gloire de l'abbé Witigowo« écrit par Purchard élève au monastère. La déesse *Augia* personnifiée (qui représente l'île) porte sur ses épaules l'une des nombreuses constructions réalisées à l'époque de l'abbé Witigowo.

La miniatura illustra la »poesia di lode all'abate Witigowo« dell'allievo Purchard. La personificata *Augia* porta sulle sue spalle una delle molte costruzioni, che al tempo dell'abate Witigowo furono erette o rinnovate.

Abteikirche und Klostergelände

Der Aufstieg zur *augia dives,* zur *reichen Au,* wie das Inselkloster in seiner Blütezeit auch genannt wurde, fand seine Entsprechung in der Bautätigkeit. Die einfachen Holzbauten aus Pirmins Zeiten wurden bald der wachsenden Bedeutung der Abtei angepaßt und nach und nach durch repräsentativere Steinbauten ersetzt.

Auch was die Abteikirche betrifft, wurde der Bau der ersten Mönche ständig weiterentwikkelt. Einige wichtige Stationen können wir bei der Besichtigung des Münsters heute noch nachvollziehen. So stammen beispielsweise die Vierungsbögen im östlichen Teil aus der Kreuzbasilika, die zu Zeiten Abt Heitos vollendet und im Jahr 816 eingeweiht wurde. Schon zwei Tage vor der Einweihung sei der See voller Schiffe gewesen, berichtet Walahfrid Strabo, der – selbst noch ein Kind – erst kurz vor diesem Ereignis auf die Reichenau gekommen war. Bischöfe und Adlige von nah und fern, die Prominenz der damaligen Zeit, sei in großer Zahl eingetroffen, um an den Feierlichkeiten teilzunehmen.

Der Bau Heitos stellte für die damalige Zeit ein Novum dar. Daß Heito einem derart zukunftsweisenden, byzantinische Elemente aufnehmenden Baustil aufgeschlossen war, mag an seiner Horizonterweiterung durch die Konstantinopelreise liegen. Jedenfalls hatte er dort die Möglichkeit, die byzantinische Architektur kennenzulernen.

Weitere Umbaumaßnahmen folgten, die wir heute zwar aufgrund der Ergebnisse archäologischer Forschungen, nicht aber durch Anschauung nachvollziehen können. So war dem Münster im Osten eine Heilig-Kreuz-Kapelle in Form einer Rotunde angeschlossen, die man im 10. Jahrhundert anläßlich der Schenkung der Heiligblutreliquie erbaut hatte. Im 15. Jh. fiel diese jedoch dem heute noch bestehenden gotischen Chor zum Opfer. Auch besaß die Abteikirche zeitweise ein Westwerk mit zwei Türmen, das vermutlich der besonders baufreudige Abt Witigowo Ende des 10. Jahrhunderts angefügt hatte. Die Jahrhunderte überdauert haben dagegen die Bauten Abt Bernos. Das Westquerhaus und der Turm stehen im wesentlichen heute noch so wie bei ihrer Einweihung im Jahre 1048. Prominentester Gast war kein Geringerer als Kaiser Heinrich III., der mit Abt Berno besonders gute Beziehungen pflegte.

Die Zeugnisse dafür, wie das übrige Klostergelände in mittelalterlicher Zeit ausgesehen hat, liegen unter dem Erdboden. Wir können sie nur durch archäologische Ausgrabungen rekonstruieren. Aus dem St. Galler Klosterplan, der zur Zeit Abt Heitos auf der Reichenau für das Kloster St. Gallen gezeichnet wurde, ersehen wir, welche Wirtschaftsgebäude und Handwerksbetriebe sich auf dem Gelände eines »idealen« Benediktinerklosters der damaligen Zeit befinden sollten. Wir erkennen nicht nur die Grundrisse von Kirche und Klausur der Mönche, Gärten und Stallungen, sondern auch die Arbeitsplätze der Bäcker, Brauer, Müller, Küfer, Kämmerer, Gerber, Sattler, Schuster, Schmiede, Ärzte und anderer, deren Wirken für das Klosterleben unerläßlich war.

Fest steht, daß sich auf der Reichenau Klausur und Kreuzgang auf der Nordseite des Münsters befanden. Unmittelbar daran schloß sich die Uferzone an. Der See reichte im Mittelalter nämlich bis weit in den heutigen Klostergarten hinein. Erst seit dem 17. Jahrhundert befinden sich die Klostergebäude auf der Südseite des Münsters. Fürstbischof Jakob Fugger hatte nach der Fertigstellung der neuerrichteten Anlage das Alte Kloster auf der Nordseite abbrechen lassen. Lediglich der Westflügel ist noch in Teilen erhalten. Er diente als Weinkeller. Da zu dieser Zeit einem Konventualen jährlich fast 1000 Liter dieses Getränkes zustanden, war er unentbehrlich.

Das Klostergelände von Nordosten: Direkt an die Uferlinie anschließend befanden sich hier einstmals Klausur und Wirtschaftsgebäude des Alten Klosters. Heute ist davon lediglich der an das Westquerhaus angebaute Westflügel erhalten.

The monastery from the northeast In former times, the cloister and working quarters of the old monastery went right down to the water's edge. All that is left today is the west wing, which was built onto the west transept.

L'ensemble du monastère vu du côté nord-est. C'est là que, directement au bord de la rive du lac, se trouvaient autrefois la clôture et les communs de l'ancien monastère. Aujourd'hui il n'en reste plus que l'aile ouest qui s'élève le long du transept ouest.

La zona conventuale vista dal lato nord-est: direttamente alla riva si trovavano la clausura e i fabbricati rurali e artigianali del vecchio monastero. Oggi è rimasta solo l'ala ovest del transetto ovest.

Oberzell

Von großer Bedeutung für die Geschichte der St. Georgskirche war ein Reliquiengeschenk. Abt Hatto III., der 896 im Gefolge König Arnulfs zu dessen Kaiserkrönung nach Rom gereist war, erhielt dort von Papst Formosus das Haupt des hl. Georg. Hatto ließ die kostbare Reliquie auf die Reichenau bringen, wo sie ihren Platz in einer neuerrichteten Kirche, der *Hattozelle,* im heutigen Oberzell, fand.

Die Georgskirche ist, was Stilreinheit und Harmonie angeht, die ausgeglichenste der noch erhaltenen Reichenauer Kirchen. Weltberühmt geworden ist sie jedoch wegen ihrer Wandmalereien aus dem 10. und 11. Jahrhundert; in neueren Forschungen werden gar Vermutungen über ein noch höheres Alter geäußert. Die Malereien vermitteln uns einen Eindruck davon, wie großartig geschmückt wir uns Kirchenschiffe der damaligen Zeit vorstellen müssen. Bis heute haben sie nicht aufgehört, die Betrachter in ihren Bann zu ziehen. Acht großflächige Wandbilder im Mittelschiff illustrieren die Wundertätigkeit Jesu. Die vorwiegend Totenerweckungen und Wunderheilungen darstellenden Szenen sollen uns die Macht des Heilands über Leben und Tod vor Augen führen.

Wir finden aber auch Profaneres an den Wänden der Oberzeller Kirche: Auf der linken Seite – der Frauenseite natürlich – sehen wir vier Teufel, die eine riesige Kuhhaut auseinanderbreiten. Ein fünfter Teufel sitzt darauf und versucht das, was die zwei etwas oberhalb dargestellten Frauen zu schwätzen haben, auf ihr niederzuschreiben. Das allerdings »geht auf keine Kuhhaut«.

Die sprichwörtliche Kuhhaut, ein Wink mit dem moralischen Zeigefinger, stammt aus dem 14. Jahrhundert.
ich will hie shrib/un
von disen tumben wibun/
was hie wirt/plapla guspr/ochun
üppiges/in der wochun/
das wirt all/us wol gudaht/
so es w/irt für den/rihter braht.

This fresco dating from the 14th century illustrates the old saying about the »Kuhhaut« (literally cow-hide, which was used then as parchment). It refers to a moral gesture of dissaproval, and meant that womens' gossip was so unbelievable that not even the devil could write it down.

Le peau de vache proverbiale qui est un clin d'œil moralisateur. Elle date du quatorzième siècle. (L'auteur voulait raconter l'histoire des femmes stupides qui parlent beaucoup pour ne rien dire. Ces péchés de bavardage seraient punis lorsque les femmes et leur bavardage comparaîtraient devant le juge éternel.)

La pelle di vacca, un avvertimento moralistico, è del XIV secolo: »Desidero scrivere su queste femmine stupide quanto nella settimana viene chiacchierato in abbondanza, tutto questo sarà raccontato e portato dinanzi al giudice«.

Seite 24/25
Innenansicht der St. Georgskirche vom Altarraum nach Westen.

Interior view of the church of St. George, looking from the chancel towards the west.

Vue intérieure de l'église Saint Georges, vue du chœur en direction de l'ouest.

Veduta interna della chiesa di San Giorgio, dall'altare verso ovest.

Die Beruhigung des Sturms auf dem See Genezareth: Der schlafende Jesus wird geweckt und gebietet dem in der rechten oberen Ecke dargestellten Sturm Einhalt.

The calming of the storm on Lake Genezareth: Jesus is woken up and stops the storm, which is represented in the right-hand upper corner.

La tempête apaisée sur le lac de Genezareth. On réveille Jésus qui dormait, et il ordonne à la tempête représentée dans le coin supérieur droit de se calmer.

Il miracolo della tempesta nel lago di Genezareth: Gesù che dorme viene svegliato e ordina alle acqui di calmarsi, in alto nell'angolo destro.

Die Heilung des Besessenen von Gerasa: Gemäß der damaligen Vorstellung verlassen die Dämonen den Kranken durch den Mund und fahren in eine in der Nähe weidende Schweineherde.

The healing of the possessed man of Gerasa. At the time, it was believed that the demons left the sick man through his mouth and entered a nearby herd of grazing pigs.

La guérison du possédé de Gerasa. Conformément aux croyances en vigueur à cette époque, les démons s'enfuient en sortant de la bouche du malade et cherchent refuge dans un troupeau de cochons à proximité.

La guarigione dell'indemoniato di Gerasa: secondo l'immaginazione d'allora i demoni escono dalla bocca del malato e vanno in un gregge di porci pascolante nei vicini dintorni.

Fischer zwischen der Höri und der Insel. Im Hintergrund die beiden Türme von St. Peter und Paul.

Fisherman between the Höri promontory and the island. The twin towers of the church of St. Peter and St. Paul can be seen in the background.

Pêcheur entre la presqu'île de la Höri et l'île de Reichenau. A l'arrière-plan les deux tours de Saint Pierre et Saint Paul.

Un Pescatore tra l'Höri e l'isola. In fondo le due torri di San Pietro e di San Paolo.

GLoriosi
APOSTOLI
TEMPLI
PATRONI

Niederzell

Die Geschichte Niederzells beginnt bereits im 8. Jahrhundert. Egino, der Bischof von Verona, hatte beschlossen, wieder in seine alamannische Heimat zurückzukehren und dort in klösterlicher Abgeschiedenheit seinen Lebensabend zu verbringen. Aus diesem Grund stiftete er auf der Klosterinsel mit Erlaubnis des Abtes Waldo eine Kirche zu Ehren des hl. Petrus. *Eginozelle* hieß die Gründung. Reich ausgestattet und mit Wandmalereien geschmückt, konnte er sie im Jahr 799 einweihen; doch waren dem Stifter nur noch drei Jahre auf der Insel zu leben vergönnt. Nach seinem Tod wurde er in seiner Kirche begraben.

Im 17. und 18. Jahrhundert ging die Sage, daß man Egino in seinem Grab noch immer auf einem Sessel sitzen sehen könne, wenn man mit einem geweihten Kerzlein durch einen Spalt in seine Gruft hineinleuchte. Die Neugier, was es mit diesen Gerüchten auf sich habe, war Anlaß für mehrere Graböffnungen. Bei einer dieser Gelegenheiten habe man auch Eginos Schuhe zutage gefördert, die man noch Ende des letzten Jahrhunderts im Niederzeller Pfarrhaus zu sehen bekam. Inzwischen sind die Schuhe verschollen – leider bevor man feststellen konnte, ob sie tatsächlich ein so ehrwürdiges Alter hatten.
Auch in St. Peter und Paul ist der Gründungsbau Eginos nur noch in unterirdischen Spuren erhalten. Die Kirche, wie wir sie heute sehen, steht zwar an gleicher Stelle, stammt jedoch im wesentlichen aus dem 11. und 12. Jahrhundert.

Seite 28
Christus als Weltherrscher. Diese Darstellung in der Niederzeller Apsis stammt vom Anfang des 12. Jahrhunderts. Rechts und links sind die beiden Kirchenpatrone Petrus und Paulus mit den vier Evangelistensymbolen, darunter die zwölf Apostel und zwölf Propheten dargestellt.

This picture in the apse of the church in Niederzell, which represents Christ as ruler of the world, dates from the beginning of the 12th century. On the right and the left of the painting are the two patrons of the church, Peter and Paul, with the four evangelist symbols, beneath them the twelve apostles and twelve prophets

Le christ maître du monde. Cette peinture qui se trouve dans l'abside de Niederzell, date du douzième siècle. A droite et à gauche les deux saints patrons de l'église: Saint Pierre et Saint Paul avec les symboles des quatre évangélistes. Au-dessous représentation des douze apôtres et des douze prophètes.

Cristo come sovrano dell'universo. Questa rappresentazione nell'apside di Niederzell è dell'inizio del XII secolo. A destra e a sinistra si vedono i due patroni della chiesa San Pietro e Paolo con i simboli dei quattro evangelisti, sotto i dodici apostoli e i dodici profeti.

Die Orgel, ein Kleinod der Niederzeller Pfarrkirche: Sie wurde im Jahr 1783 von Johann Baptist Lang in Überlingen gebaut.

This organ is the pride and joy of the Niederzell parish church. It was built by Johann Baptist Lang in Überlingen in 1783.

L'orgue, joyau de l'église paroissiale de Niederzell. Elle a été construite en 1783 par Jean Baptiste Lang à Überlingen.

L'organo, un gioiello della parrocchia di Niederzell: fu costruito nell'anno 1783 da Johann Baptist Lang di Überlingen.

Romanisches Kapitell in St. Peter und Paul.

A romanesque capital in the church of St. Peter and St. Paul.

Chapiteau roman à Saint Pierre et Saint Paul.

Il capitello romano nella chiesa di San Pietro e Paolo.

Rechtes Bild
Vorderdeckel des Sakramentars von St. Paul im Lavanttal, einer Handschrift Reichenauer Provenienz. Die Himmelfahrt Christi wurde um die Jahrtausendwende aus Elfenbein geschnitzt und wird der Metzer Schule zugeordnet.

Front cover of the sacrement of St. Paul in Lavanttal, a manuscript of Reichenau provenance. The Ascension of Christ was carved from ivory at the turn of the millennium and is assigned to the Metzer school.

Partie supérieure de la couvertue du missel de St. Paul à Lavanttal, manuscrit en provenance de Reichenau. L'ascension du Christ a été sculptée en ivoire au tournant du millénaire et est attribuée à l'école de Metz.

La copertina del sacramentario di San Paolo nella valle di Lavant, un manoscritto proveniente da Reichenau. L'ascensione di Cristo fu lavorata in avorio al passagio del millennio e viene assegnata alla scuola di Metz.

Das Reichenauer Skriptorium

Im Früh- und Hochmittelalter erfüllten die Abteien auch die Funktion von Bildungsstätten, freilich nicht für jedermann, sondern vor allem für Kinder aus reichen und mächtigen Adelsfamilien. Fast das gesamte Wissen jener Zeit wurde in den Klosterschulen gesammelt, bearbeitet und weitergegeben. Wichtigste Säule dieser Wissensvermittlung war die Klosterbibliothek mit dem ihr angegliederten *Scriptorium*, der Schreibstube. Hier spielte sich die gesamte Herstellung der Bücher ab: Auf die Vorbereitung des Pergaments – rasierte Kalbs- oder Schafhaut – folgte das mühevolle Abschreiben der Texte, bei etlichen die Illustration mit prachtvollen Miniaturen und schließlich das Binden der Handschrift zum fertigen Codex.

Dem Wirken einer wichtigen Persönlichkeit in der Reichenauer Bibliothek, Reginbert, haben wir es zu verdanken, daß wir über den Umfang der Bibliotheksschätze in der Karolingerzeit informiert sind. Während seiner jahrzehntelangen Tätigkeit als Schreiber und Bibliothekar legte er einen Katalog aller zu seiner Zeit vorhandenen Handschriften an, der mehr als 400 Bände verzeichnet.

Seinen Höhepunkt erlebte das Skriptorium des Inselklosters jedoch zwei Jahrhunderte später, um die Jahrtausendwende. Zu dieser Zeit hatten die Reichenauer Mönche außerordentlich begabte Maler in ihren Reihen, deren Werke zu den bedeutendsten der abendländischen Buchkunst zählen. Wir verdanken ihnen Prachthandschriften mit zahlreichen ganzseitigen Miniaturen und wahrhaft prunkvollen Initialen. Inzwischen produzierte das Skriptorium nicht mehr nur für den Eigenbedarf, sondern erhielt ehrenvolle Aufträge: So entstanden großartige Luxushandschriften für Kaiser Otto III. und dessen Nachfolger Heinrich II. Kostbarste Materialien – Gold, Silber und Purpur – wurden für die Zierseiten verwendet, Gold und Elfenbein für den Einband.

Da diese als Auftragsarbeiten geschaffenen Prachthandschriften nicht auf der Reichenau blieben, sind sie heute über die ganze Welt verstreut. Glücklicherweise, denn auf der Reichenau wäre ihnen vermutlich ein weniger günstiges Schicksal beschieden gewesen. In den Zeiten des Niedergangs wurden die Bücher nicht gerade pfleglich behandelt, viele gingen verloren, wurden verliehen und nicht wieder zurückgegeben. In den schlimmsten Zeiten wurden sie teilweise sogar versetzt. Die Restbestände – ca. 300 Codices – der ehemals so bedeutenden Bibliothek wurden bei der Säkularisation in die Landesbibliothek Karlsruhe gebracht, wo sie heute der Wissenschaft zur Verfügung stehen. So kommt es, daß sich im Reichenauer Münsterschatz nur noch ein einziges Evangelistar aus der Blütezeit des Inselklosters befindet.

»Drei Finger schreiben und der ganze Körper arbeitet«. So umschrieb ein Mönch seine Tätigkeit im Skriptorium. Bei dem hier dargestellten Schreiber handelt es sich um den Evangelisten Matthaeus. Die Miniatur befindet sich ebenso wie die links abgebildete Initiale in dem der Reichenauer Schule zugerechneten »Hillinus-Codex«. Die Handschrift liegt heute in der Kölner Dombibliothek.

»Three fingers write and the whole body works«. This is how a monk described his work in the scriptorium. The writer depicted here is the evangelist Matthew. The miniature as well as the initials shown on the left can be found in the »Hillinus Codex«, which is attributed to the Reichenau school. The manuscript is now in the cathedral library in Cologne.

»Trois doigts écrivent et le corps entier travaille«. C'est ainsi qu'un moine décrivait son travail au scriptorium. La représentation de ce copiste est celle de l'évangéliste St. Matthieu. La miniature ainsi que l'initiale représentée à gauche se trouvent dans le »Hillinus Codex« (recueil de manuscrits précieux), attribué à l'école de Reichenau. Le manuscrit se trouve aujourd'hui dans la bibliothèque de la cathédrale de Cologne.

»Tre dita scrivono e tutto il corpo lavora«. Così un monaco descriveva la sua attività nello scrittorio. L'amanuense rappresentato è l'evangelista matteo. La miniatura si trova così come anche la rappresentata iniziale a sinistra nel »codice Hillinus« della scuola di Reichenau. Il manoscritto si trova oggi nella biblioteca del duomo di Colonia.

est per prophetas. quoniam nazareus uo
cabitur.

IN OCTAVA DÑI

SEQ. SCI EV. SEC. LVC. In illo tempore.

POSTQUAM CONSUMMATI SUNT
dies octo ut circumcideretur puer.
uocatum est nomen eius ihs. Quod uocatum
est ab angelo, priusquam in utero concipere
tur. Et postquam impleti sunt dies pur — hic fac finem.
gationis eius secundum legem moysi. tule
runt illum in hierusalem ut sisterent eum
dño. sicut scriptum est in lege dñi. Quia
omne masculinum adaperiens uuluam. scm
dño uocabitur. Et ut darent hostiam. secun
dum quod dictum est in lege dñi. Par turtu
rum. aut duos pullos columbarum.
Et ecce homo erat in hierusalem. cui nomen
simeon. Et homo iste iustus & timoratus.
expectans consolationem israhel. & sps scs
erat in eo. Et responsum acceperat a spu sco.
non uisurum se mortem nisi prius uideret

Seite 32/33
Das einzige auf der Reichenau verbliebene Evangelistar aus der Blütezeit der Abtei wurde im 9. Jahrhundert geschrieben. Die Miniatur, eine Darstellung im Tempel, stammt aus dem 11. Jahrhundert und wurde nachträglich in den Codex eingefügt.

The only evangeliar left on the Reichenau from the heyday of the abbey was written in the 9th century. The miniature, a depiction in the temple, dates from the 11th century and was later added to the codex.

Le seul évangéliaire qui nous soit resté de l'âge d'or de l'abbaye a été écrit au neuvième siècle. La miniature, une présentation au temple, remonte au onzième siècle et a été introduite plus tard dans le recueil.

L'unico evangelistario del periodo di splendore del monastero rimasto a Reichenau è del IX secolo. La miniatura, una rappresentazione nel tempio, è dell' XI secolo e fu aggiunta successivamente al codice.

Walahfrid in der Volkskunst: die Darstellung befindet sich wie die anderer berühmter Reichenauer Mönche auf dem Kachelofen in der Münsterschatzkammer.

This depiction of Walahfrid, together with the other famous Reichenau monks, can be found on the tiled oven in the vault of the cathedral.

Walahfrid vu part l'art populaire. Cette représentation ainsi que celle d'autres moines célèbres de Reichenau se trouve sur le poêle en faïence du trésor de la basilique.

Walahfrid nell'arte populare: la rappresentazione si trova come quelle di altri monaci famosi di Reichenau sulla stufa in ceramica nella camera del tesoro del duomo.

Schwester Muse, hilf mir klagen,
Melde, wie vom Heimatlande,
Ich geschieden trüb und traurig,
Tief gebeugt von bittrer Armut ...

Meine Tränen fließen, denk' ich,
Wie mir einst so wohl gewesen,
Da die Reichenau dem Knaben
Noch, die sel'ge, Obdach gönnte ...

Rings von Wassern wild umbrandet,
Stehst du fest, ein Fels der Liebe,
Streuest weit und breit der Lehre
Samenkörner, sel'ge Insel.

Immer steht nach dir mein Sehnen,
Dein gedenk ich tags und nächtens,
Die du uns versorgt mit allem,
Das wir brauchen, sel'ge Insel.

Mögest fröhlich du gedeihen,
Stets dem Willen Gottes folgend.
Daß die Reichenau man selig
Preisen mög' und ihre Söhne.

Also füg' es Christi Gnade,
Daß ich einst dich wiedersehe
Und begrüße: »Sei gesegnet
Immerdar, erhabne Mutter« ...

Walahfrid, der Dichtermönch

Ein schöneres Liebeslied an die Insel – ein älteres schon gar nicht – wird sich schwerlich finden lassen als dieses Gedicht des Reichenauer »Dichtermönchs« Walahfrid Strabo. Sein Heimweh in Verse fassend, klagt er, wieviel Kummer es ihm bereite, fern von seiner heimatlichen Insel zu sein, auf der er mehr als zehn Jahre seiner Kindheit und Jugend verlebt hatte. Sein Wunsch, die Reichenau wiederzusehen, sollte jedoch erst nach langen Jahren der Abwesenheit in Erfüllung gehen. Einem Studienaufenthalt bei Hrabanus Maurus in Fulda folgte der Ruf an den kaiserlichen Hof nach Aachen, wo er mit der Erziehung Karls des Kahlen, eines Sohnes Kaiser Ludwigs des Frommen, beauftragt wurde. Erst 842 war es ihm vergönnt, auf seine *sel'ge Insel* zurückzukehren – diesmal als Abt des Klosters. Doch dieses Amt sollte er nicht lange innehaben. Auf einer Reise zu seinem ehemaligen »Schützling«, Karl dem Kahlen, ertrank Walahfrid im Jahre 849 – erst vierzigjährig – beim Überqueren der Loire.

Walahfrid, nach einem Augenfehler *Strabo,* der Schielende, genannt, hinterließ uns eine Fülle von Zeugnissen seiner dichterischen Begabung. Er habe einen Funken in sich, den es anzuzünden gelte, sagte er von sich selbst. Die Dichtung, seine vielzitierte *Schwester Muse,* war das Instrument, mit dem er ihn zum Brennen brachte.

Voraussetzung für alles geistige Schaffen im Kloster war die Kenntnis der lateinischen Sprache. Latein lesen, verstehen, abschreiben, dies lernte jeder Mönch in der Klosterschule. Doch nur besonders Talentierte, zu denen Walahfrid gehörte, waren in der Lage, in dieser Sprache auch zu dichten oder wissenschaftliche Traktate zu verfassen.

Sein erstes großes Werk, die *Visio Wettini,* vollendete er mit 18 Jahren. Der Mönch Wetti, Walahfrids Lehrer, erlebte in der Nacht vor seinem Tod zwei Jenseitsvisionen. Da er während der Visionen den Auftrag erhielt, ihren Inhalt zu verkünden, rief Wetti mehrere Brüder zu sich, denen er das Gesehene zu Protokoll gab. Einer von ihnen, der ehemalige Abt Heito, schrieb von dem Gehörten einen Prosabericht nieder, den Walahfrid ein Jahr später in mehr als 900 lateinische Verse faßte. Darin schildert er, wie Wetti zunächst von einer Schar von Dämonen angefallen worden sei, denen er nicht entfliehen konnte. Sie hätten ihn mit Folterwerkzeugen bedroht und ihn in panische Furcht versetzt. Dann sei er von einem Engel durch das Jenseits geführt worden, vorbei an einem Feuerfluß, wo Scharen von Sündern grauenvolle Strafen erlitten. Auch Mönche sah er unter den Büßern; sogar Waldo, der große Abt des Inselklosters, war der Strafe nicht entgangen. Selbst Karl der Große mußte wegen seiner *schändlichen Wollust,* der er zu Lebzeiten frönte, noch schlimme Qualen erleiden, bevor er – wie Wettis englischer Begleiter versichert – als Belohnung für seine guten Taten das ewige Leben erlangen werde. Solche Jenseitsvisionen, wie sie Wetti erlebte, waren bei mittelalterlichen Mönchen keine Seltenheit. Sie geben uns einen Einblick in das Seelenleben der Mönche, in ihre Ängste und Wertvorstellungen.

Walahfrid hat mit seinem unermüdlichen Genius noch eine Vielzahl von Werken geschaffen; die Spannbreite reicht von Heiligenleben über theologische Werke bis zu politischer, kaisertreu gefärbter Hofdichtung. Einem völlig anderen Thema, dem Gartenbau, widmete er sich im *Hortulus*. In dem 444 Verse umfassenden Gedicht beschreibt er 24 Pflanzen, die im Garten vor der Abtswohnung wachsen. Nicht aus Büchern, so versichert er, habe er sein Wissen bezogen, vielmehr habe ihn die Arbeit, die er der Muße vorziehe, dies gelehrt.

Er schildert also die Mühsal des Gartenbaus aus eigener Erfahrung. Aller Eifer – so Walahfrid – werde belohnt: Kein Land verweigere es, die ihm eigenen Früchte hervorzubringen, ermahnt er den Gärtner – vorausgesetzt dieser befolge die Weisung:
Wenn deine Pflege nur nicht ermattet in lähmender Trägheit, /.../... und nur sich nicht scheut, die schwieligen Hände / Bräunen zu lassen in Wetter und Wind und nimmer versäumet, / Mist zu verteilen aus vollen Körben im trockenen Erdreich.
Wer fände sich bei einem Gang über die heutige Insel nicht an diese Worte erinnert?

In seinem Gedicht über den Hortulus beschreibt Walahfrid 24 nützliche und heilkräftige Pflanzen. Sie sind in dem von der Gemeinde angelegten »Kräutergarten« zu sehen.

Walahfrid described 24 useful and medicinal plants in his poem about horticulture. They can be seen in the »herb garden«, which has been laid out by the community.

Dans son poème sur l'»hortulus« Walahfrid décrit vingt-quatre plantes utiles et médicinales. On peut les voir dans le »Kräutergarten« (jardin où l'on cultive toutes sortes d'herbes) planté par la commune.

Nella sua poesia sull'Hortulus Walahfrid descrive 24 piante di frutti commestibili ed erbe medicinali che il comune pianta oggi nel »Kräutergarten«, un giardino botanico pubblico.

Hermann, das Wunder des Jahrhunderts

Zweihundert Jahre nach Walahfrid sollte die Reichenau ihren letzten »großen Sohn« hervorbringen: Hermann den Lahmen. Sein Biograph Berthold schreibt:

Er litt seit frühester Jugend an einer Lähmung aller Glieder ... Seine Gliedmaßen waren alle auf so grausame Weise versteift, daß er sich von einer Stelle, auf die man ihn niedersetzte, nicht wieder ohne Hilfe wegbewegen konnte. Er vermochte sich auch nicht auf die eine oder andere Seite zu drehen. Wenn er von seinem Diener in einen Tragsessel gesetzt wurde, konnte er kaum zu irgendeiner Tätigkeit gekrümmt sitzen.

So unbeweglich sein Körper war, so wendig war er in geistiger Hinsicht. Höchste Intelligenz vereinte sich in seiner Person mit Aktivität und Tatkraft.

Die mittelalterlichen »Schulfächer«, die *Sieben freien Künste,* gliederten sich in einen sprachlichen Zweig, der aus Grammatik, Rhetorik und Dialektik bestand, und in einen naturwissenschaftlichen, dem die Bereiche Arithmetik, Geometrie, Astronomie und Musik angehörten.

Die letztgenannten Gebiete beschäftigten sich vor allem mit Zahlen und Zahlenverhältnissen, und diese interessierten Hermann offensichtlich besonders. Er widmete sich der Zeitrechnung als Grundlage der damaligen Geschichtsschreibung und verfaßte – beginnend mit Christi Geburt – eine für jene Zeit bedeutende Weltchronik. Zahlenverhältnisse faszinierten ihn so, daß er sich gar mit den Regeln eines Zahlenkampfspiels, der *Rhythmomachie,* intensiv beschäftigte. Zahlenverhältnisse waren auch Grundlage der Musik und der Harmonielehre. Auf diesem Gebiet leistete Hermann ebenfalls Bedeutendes: Er verfaßte ein Schulbuch über die Musik, den *Tonarius,* und erfand eine neue Notenschrift. Doch beschränkten sich seine Leistungen keineswegs auf die Theorie. Stets die höheren Ziele im Auge behaltend, trug er mit seinen Kompositionen zur Verschönerung des Kirchengesangs und der liturgischen Feier bei. Auch seine technische Begabung stellte er unter Beweis: Hermann baute nicht nur Musikinstrumente, sondern wußte auch, wie man ein *Astrolabium* herstellte. Dieses astronomische Gerät, das zur Fixsternvermessung diente, war für die Berechnung von Stunden, Tagen und Nächten erforderlich – eine wichtige Grundlage zur Berechnung des Kirchenjahres. Im Verlauf seiner Beschäftigung mit dem Astrolab fand Hermann auch astronomische Regeln über Sonnen- und Mondbewegungen sowie Mondfinsternisse heraus.

Die Vielzahl von Schriften, die Hermann hinterlassen hat, bestätigt die Eigenschaften, die uns sein Biograph überliefert: trotz oder vielleicht gerade wegen seiner Behinderung ungebändigte Schaffenskraft, gepaart mit Intelligenz und Scharfsinn. Schon Hermanns Zeitgenossen empfanden ihn als *Wunder des Jahrhunderts.*

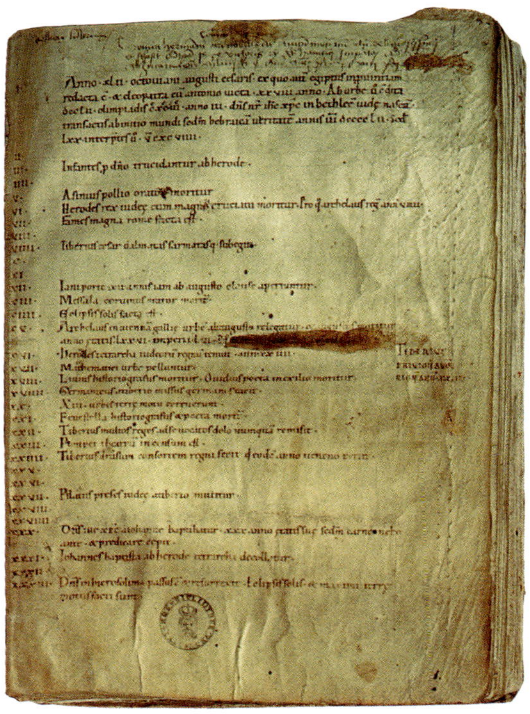

38 Hermanns Weltchronik ist in dieser Handschrift aus dem 11. Jahrhundert überliefert. Beginnend mit Christi Geburt ist sie ein wichtiges Werk der mittelalterlichen Geschichtsschreibung. Hermann fügte darin auch wertvolle Informationen über seine eigene Lebens- und Familiengeschichte ein.

Hermann's world chronicle has been handed down in the form of this manuscript from the 11th century. Beginning with the birth of Christ, it is an important work in the history of the Middle Ages. Hermann also included valuable information about his own life and family history.

La chronique mondiale de Hermann nous est transmise dans ce manuscrit du onzième siècle. Elle commence avec la naissance du Christ et représente un ouvrage important de l'historiographie du moyen-âge. Hermann y a également ajouté de précieuses informations sur l'histoire de sa propre vie et de sa propre famille.

La cronaca mondiale è tramandata in questo manoscritto dell'XI secolo. E' un'importante opera di descrizione della storia del medio evo, iniziante dalla nascita di Cristo. Hermann aggiunge anche preziose informazioni sulla storia della sua famiglia e di se' stesso.

Linkes Bild
Gebeine des Märtyrers Januarius kamen bereits im 9. Jahrhundert auf die Insel. Heute sind sie in diesem Schrein aus dem 15. Jahrhundert aufbewahrt.

The bones of the martyr Januarius came to the island as early as the 9th century. Today, they are preserved in this reliquary from the 15th century.

Des os du martyre Januarius furent apportés dès le neuvième siècle sur l'île. Aujourd'hui on les conserve dans ce reliquaire du quinzième siècle.

Le ossa del martire San Gennaro sono arrivate sulf'isola già nel IX secolo. Oggi sono conservate in questo reliquario del XV secolo.

Rechtes Bild
Dieser Schrein birgt Gebeine der beiden römischen Märtyrer Johannes und Paulus, die um die Jahrtausendwende auf die Insel gebracht wurden. Er entstand vermutlich um 1300 in einer Konstanzer Goldschmiedewerkstatt.

This reliquary houses the relics of the two Roman martyrs John and Paul, which were brought to the island around the turn of the millennium. It is said to have been made by a Constance goldsmith around 1300.

Ce reliquaire abrite des os des deux martyres romains: Saint Jean et Saint Paul, qui furent apportés sur l'île au tournant du millénaire. On suppose que le reliquaire a été fabriqué dans l'atelier d'un orfèvre de Constance.

Questo reliquario contiene le ossa dei martiri romani Giovanni e Paolo, portate nell'isola verso il mille. Il reliquario fu prodotto presumibilmente da un orefice di Costanza verso il 1300.

Reliquien

Das Ansehen eines Klosters hing nicht nur von seinem Reichtum und den Leistungen seiner Mönche und Äbte ab, sondern auch von seinen Reliquienschätzen. Für den mittelalterlichen Menschen gingen von den Gebeinen und Überresten der Heiligen und Märtyrer segensreiche Kräfte aus. Über die Reliquien als Mittler zwischen Gott und Mensch konnten die Heiligen und Märtyrer auch noch nach ihrem Tod schützend und helfend in das diesseitige Leben eingreifen. Reliquien wurden in Altären aufbewahrt und waren oft Anlaß für weitreichende Umbaumaßnahmen an bestehenden Kirchenbauten, manchmal sogar für den Neubau von Kapellen oder Kirchen.

Die Reichenau besaß allerdings weder die Gebeine ihres Klostergründers noch anderer »einheimischer« Heiliger, um die sich ein Wallfahrtskult hätte bilden können. Die meisten Reichenauer Reliquien kamen daher aus der Ferne; die Gebeine des Januarius und die des Evangelisten Markus beispielsweise stammten aus Italien.
Die Markusreliquie erhielt die Abtei von Ratold, dem Nachfolger des uns bereits bekannten Egino auf dem Bischofssitz von Verona. Ratold schenkte sie dem Kloster im Jahr 830 – vielleicht als Gegenleistung dafür, daß ihm die Reichenau ein Gebiet zugewiesen hatte, wo er seine *Ratoltescella,* das heutige Radolfzell, gründen und sich zur Ruhe setzen konnte. Ratold wiederum hatte die Gebeine von einem Mann aus Venedig gekauft, diese allerdings nur gegen das Versprechen erhalten, niemals den wahren Namen des Heiligen bekanntzugeben. Die Echtheit der Markusreliquie hatte Ratold zuvor unter anderem durch den sogenannten *Kesselfang* geprüft. Dazu mußte der venetianische Verkäufer die rechte Hand zum Eid erheben, die linke in einen Kessel mit kochendem Wasser halten, das – vorausgesetzt die Reliquien waren echt – keine Verbrennungsspuren hervorrufen durfte. Offenbar bestanden Verkäufer und Reliquie die Prüfung.
So kam der hl. Markus also zunächst »inkognito« auf die Insel und wurde dort als St. Valens verehrt. Doch der Heilige sollte seine Identität bald selbst offenbaren: Er erschien dem Konstanzer Bischof Gebhard im Traum, bekannte seinen wahren Namen und beklagte sich über die unsachgemäße Verwahrung seiner Gebeine auf der Reichenau, die dort bereits in Fäulnis übergegangen seien. Als der Bischof den Auftrag, den Reichenauer Abt zu einer würdigeren Unterbringung zu veranlassen, nicht sofort erfüllte, erschien Markus ihm in zwei weiteren Visionen, die schließlich mit massiven Drohungen endeten. Erst dann berichtete der Bischof von dem Erlebten und gab den wahren Namen des Heiligen bekannt.
Freilich war dies nicht das einzige Zeichen seiner Kraft. In der Folge wird von mehreren Heilungswundern berichtet. Für Skeptiker, die an der Echtheit der Reliquie zweifelten, hatte Markus ein Strafwunder bereit. So erkrankte eine Magd, die an einem Markustag auf dem Feld Unkraut gejätet hatte anstatt an der Messe teilzunehmen. Sie wurde erst wieder gesund, als sie versprochen hatte, künftig den Markustag zu ehren.

Der sogenannte »Kesselfang«, eine Methode zur Prüfung der Echtheit einer Reliquie. Der Reliquienverkäufer hält die linke Hand in einer Kessel mit kochendem Wasser. Das Relief, ein Detail des Markusschreins aus dem Münsterschatz, entstand vermutlich im 14 Jahrhundert in Konstanz.

The so-called »cauldron trick« was a way of testing the authenticity of a relic. The seller of the relic had to hold his left hand in a cauldron filled with boiling water. This relief which shows a detail from St. Mark's shrine from the abbey vault was painted in the 14th century in Constance.

L'épreuve de la marmite, une méthode pour tester l'authenticité d'une relique. Le vendeur de reliques met la main gauche dans une marmite d'eau bouillante. La sculpture, un détail du reliquaire de Saint Marc, dans le trésor de la basilique, a probablement été réalisée au quatorzième siècle à Constance

Un metodo per esaminare l'autenticità delle reliquie era quello in cui il venditore doveva tenere la mano sinistra in un calderone pieno d'acqua bollente. Il rilievo, un particolare del reliquario di San Marco, facente parte del tesoro del duomo, fu prodotto probabilmente nel XIV secolo a Costanza.

42 In dem kleinen griechischen Abtskreuz aus dem 9. Jahrhundert gelangte die kostbarste der Reichenauer Reliquien, die Heiligblutreliquie, auf die Insel. Die mit Edelsteinen besetzte Fassung wurde für das Jahr 1738 geschaffen. Damals kehrte die während des 30jährigen Kriegs in das Kloster Günterstal verbrachte Reliquie wieder auf die Insel zurück. Die Fassung wird in die als Vorhang gearbeitete Monstranz eingehängt.

The Reichenau's most precious relic, the Holy Blood Relic, came to the island in this small Greek crucifix from the 9th century. The setting, which is encrusted with jewels, was made in 1738. This is when the relic, which was taken to the Günterstal monastery during the 30 years' war, was returned to the island. The setting is placed in a monstrance.

C'est dans cette petite croix grecque, croix appartenant à un abbé et réalisée au neuvième siècle, qu'a été conservée la plus précieuse relique de Reichenau: la relique du Précieux Sang. La monture de la croix, certie de pierres précieuses, a été réalisée pour l'année 1738. A cette époque la relique, qui avait passé la guerre de trente ans au monastère de Günterstal, est revenue sur l'île. La croix est placée au centre de l'ostensoir, qui donne l'impression de former un tissu drapé.

La più preziosa delle reliquie di Reichenau del IX secolo finì nella piccola croce greca dell'abate: la reliquia del sangue sacro. L'incastonatura di pietre preziose avvenne nel 1738. Allora durante la guerra dei trent'anni la reliquia fu riportata indietro nel monastero dell'isola da Günterstal. L'incastonatura di tali pietre, montata all'ostensorio, funge da sipario.

Andere Reliquien gelangten aus dem Orient an das Inselkloster, so beispielsweise der »Krug der Hochzeit zu Kana«. Der Weg dieses kostbaren Gefäßes aus dem Heiligen Land über Spanien auf die Reichenau, wo ihn der ehemalige Jerusalemer Mönch Symeon als sein früheres Eigentum wiedererkannte, wird uns in einem von drei spannenden und abenteuerreichen Translationsberichten, den sogenannten *Orientgeschichten*, geschildert.
Den Höhepunkt des Reichenauer Reliquienerwerbs bildete zweifellos die Ankunft einer »Christusreliquie«: ein kleines Kreuz, in dessen Innerem sich – der Überlieferung zufolge – blutgetränkte Erde von Golgotha sowie ein Splitter vom Kreuzesstamm befinden. Einige Jahre später schrieb ein Reichenauer Mönch die wechselvolle Geschichte der Heiligblutreliquie nieder: Sie beginnt in den Tagen Karls des Großen, der das kostbare Geschenk von Azan, dem Präfekten von Jerusalem, erhielt, und endet rund 120 Jahre später damit, daß die damalige Besitzerin Swanahild sie dem Inselkloster schenkte.

Das als »Krug der Hochzeit zu Kana« verehrte Gefäß stammt etwa aus dem 5. Jahrhundert. Die abenteuerreiche Geschichte des Kruges hat ein Reichenauer Mönch im 10. Jahrhundert niedergeschrieben.

This vessel, which was honoured as the »Pitcher from the Marriage of Kana«, dates from around the 5th century. A Reichenau monk wrote down the history of this pitcher in the 10th century.

On estime que le récipient vénéré comme »cruche des noces de Cana« a été réalisé au cinquième siècle. C'est un moine de Reichenau qui a écrit au dixième siècle l'histoire mouvementée de cette cruche.

La brocca delle nozze di Cana è del V secolo. L'avventurosa storia della brocca fu scritta nel X secolo da un monaco di Reichenau.

Das barocke Chorgitter wurde 1746 errichtet und ersetzte einen gotischen Lettner, der die Funktion hatte, das Laienschiff vom Mönchschor zu trennen.

The baroque choir railings were built in 1746 and replaced a gothic choir screen, which served to separate the laity from the choir.

La grille du chœur de style baroque a été construite en 1746 pour remplacer un jubé gothique, qui avait pour fonction de séparer la nef du chœur des moines.

La grata del coro di stile barocco fu alzata nel 1746 e sostituì un tramezzo di stile gotigo che aveva la funzione di dividere la navata dal coro dei monaci.

In den Jahren 1605–1611 ließ der Fürstbischof Jakob Fugger die neuen Konventsgebäude auf der Südseite des Münsters errichten. Das Alte Kloster im Norden der Kirche wurde bis auf den Westflügel abgebrochen.

The prince-bishop Jakob Fugger built the new monastery buildings on the south side of the abbey in 1605–1611. The old monastery on the north side was demolished except for the west wing.

De 1605 à 1611 le prince-évêque Jakob Fugger a fait construire les nouveaux bâtiments du monastère, du côté sud de la basilique. L'ancien cloître, situé au nord de l'église, a été démoli à l'exception de l'aile ouest.

Negli anni 1605–1611 il principe vescovo Jakob Fugger fece costruire i nuovi edifici monasteriali sul lato sud. Il vecchio monastero al nord della chiesa fu abbattuto fino all'ala ovest.

Niedergang

Abt Berno und Hermann der Lahme sollten die letzten großen Gelehrten des Klosters bleiben. Noch im 11. Jahrhundert begann der Stern der Abtei zu sinken. Auf allen Gebieten, in der Wissenschaft, der Kunst, der Wirtschaft und im monastischen Leben, beobachten wir Niedergang und Verfall. Die Zeiten, da die Abtei durch ihre engen Beziehungen zu den Mächtigen im Reich als Zentrum der Politik fungierte, waren zu Ende. Die geistige Führung ging allmählich auf andere Klöster über. Mißwirtschaft, verbunden mit persönlicher Unfähigkeit einer ganzen Reihe von Äbten, ließ die ehemalige *reiche Au* mehr und mehr verarmen. Ihr ehemals so ausgedehnter Grundbesitz schrumpfte auf einen Bruchteil des früheren Ausmaßes. Bestand der Konvent in der Glanzzeit des Klosters aus mehr als 100 Mönchen, so gehörten ihm zu Beginn des 15. Jahrhunderts gerade noch zwei Brüder an, die nicht einmal zu Priestern geweiht waren. Abgesehen davon, daß der Kreis der möglichen Novizen ohnehin auf den Hochadel beschränkt war, zogen religiös engagierte Menschen Klöster mit intaktem monastischem Leben vor. Einen letzten Reformversuch unternahm schließlich Abt Friedrich von Wartenberg im 15. Jahrhundert. Er hob die Zulassungsbeschränkung auf und stellte das geordnete Klosterleben wieder her. Doch auch diese Maßnahmen konnten den Verfall letztendlich nicht aufhalten. Den langjährigen Streit zwischen den Habsburgern und den Konstanzer Bischöfen um die Eingliederung der Abtei in ihren jeweiligen Herrschaftsbereich entschied das Bistum Konstanz für sich. Im Jahr 1540 willigte Abt Markus von Knöringen in den Handel mit dem Konstanzer Bischof ein, gegen eine jährliche Abfindung auf die Abtei zu verzichten. Nun war der Konstanzer Bischof Herr der Reichenau, das Kloster zum Priorat geworden.

Im 16. und 17. Jahrhundert bemühten sich die Reichenauer Mönche zwar noch einmal darum, ihre Unabhängigkeit wiederherzustellen, doch endeten diese Auseinandersetzungen 1757 mit ihrer gewaltsamen Vertreibung. 1803 – mit der Auflösung des Hochstifts Konstanz – wurde die Abtei säkularisiert. Das Münster gehörte nun dem Staat, die Reste der ehemals so bedeutenden Bibliothek wurden nach Karlsruhe gebracht. Den unrühmlichen Schlußpunkt der einst blühenden Abtei bildete schließlich der Abbruch mehrerer, teilweise noch aus dem 10. und 11. Jahrhundert stammender Kirchen und Kapellen in der ersten Hälfte des 19. Jahrhunderts.

Die Zeiten überdauert hat der von Abt Berno errichtete Münsterturm. Die Baumaßnahmen an Westquerhaus und Turm waren im Jahr 1048 abgeschlossen.

The tower of the abbey, which was built by Abbot Berno has survived the years. The modifications on the west transept and the tower were carried out in 1048.

La tour de la basilique, construite par l'abbé Berno, a survécu au temps. Les transformations apportées au transept et à la tour étaient achevées dès 1048.

La torre del duomo, fatta costruire dall'abate Berno, ha sopravvissuto ai tempi. La costruzione del transetto ovest e della torre fu completata nell'anno 1048.

Das Erbe

Doch vom »goldenen Zeitalter« besteht die Brücke zu unserer Zeit. Das Bewußtsein dafür, daß ihre Insel einst eine wichtige Rolle in der Geschichte gespielt hat, ist in der heutigen Bevölkerung noch immer präsent. Mit Stolz und Selbstbewußtsein feiern die »Auer« ihre drei »Inselfeiertage«: das Markusfest am 25. April, Mariä Himmelfahrt am 15. August und den höchsten Feiertag, das Heiligblutfest, am Montag nach dem Dreifaltigkeitssonntag. Die Arbeit auf den Feldern ruht, Schule und Geschäfte sind geschlossen. Dieselben Reliquien, die schon vor einem Jahrtausend eine zentrale Rolle auf der Insel spielten, werden in einer feierlichen Prozession durch die geschmückten Straßen getragen.
Die Voraussetzung für diese lebendige Tradition liegt nicht nur im praktizierten Christentum, sondern auch in der Beständigkeit der Reichenauer, dem Verwachsensein mit ihrer Insel. Die *stabilitas loci*, die Ortsbeständigkeit, war neben *ora et labora*, dem Gebet und der Arbeit, ein wichtiges benediktinisches Gebot. Fast könnte man meinen, die »Auer« hätten ein Quentchen dieser Grundsätze in unsere Zeit hinübergerettet.

Die drei Inselfeiertage werden mit großem Engagement der »Auer« gefeiert. Eine Parade der historischen Bürgerwehr eröffnet und beschließt das festliche Geschehen. Münsterchor und -orchester geben dem Gottesdienst ein feierliches Gepräge. Anschließend werden die Reliquien in einer Prozession, an der sich vom Kindergarten bis zur Trachtengruppe viele Reichenauer beteiligen, durch die Straßen getragen.

The three island holidays are celebrated with great enthusiasm on the islanders' part. A parade by the historical militia opens and closes the festivities. The minster choir and orchestra lend the church service a festive air. Afterwards the relics are carried through the streets in a procession in which many Reichenau inhabitants take part, ranging from nursery groups to those in traditional costume.

Les trois jours de fête en l'honneur de l'île sont fêtés avec beaucoup d'engagement de la part des »insulaires«. Une parade de la troupe constituée par les bourgeois marque le début et la fin des festivités. La chorale et l'orchestre de la basilique donnent à la cérémonie religieuse son caractère de fête. Pour finir, les reliques sont portés en procession dans la rue; de nombreux habitants de Reichenau, depuis les enfants du jardin d'enfants jusqu'aux groupes folkloriques, prennent part à cette procession.

I tre giorni di festa dell'isola sono festeggiati con molta partecipazione degli isolani. Una parada della milizia civica apre e conclude i festeggiamenti. Il coro e l'orchestra del duomo danno alla messa un carattere di festa. Successivamente le reliquie vengono trasportate in processione per le strade, alla quale partecipano molti isolani, dai bambini degli asili fino ai gruppi folcloristici.

48 Ein Wintermorgen an der »Herrenbruck«. Heute liegt hier der Reichenauer Yachthafen.

A winter morning on the »Herrenbruck«. Today the Reichenau yacht harbour lies here.

Le »Herrenbruck« (pont des messieurs) un matin d'hiver. Aujourd'hui c'est le port de plaisance de Reichenau.

Un mattino invernale al ponte dei nobili Signori »Herrenbruck«. Oggi è il porto degli jacht di Reichenau.

Auch im Winter ist die Reichenau schön, wenn auch die Tage kurz und selten sonnig sind. Ein besonderes Erlebnis ist die Seegfrörne, wenn man auf dem Eis, entlang einer mit Tännchen markierten Route, von Mannenbach über die Reichenau nach Allensbach gehen kann.

The Reichenau is beautiful in winter too, even if the days are short and seldom sunny. It is always a special event when the lake freezes over, and one can walk over the ice along a route marked with small pine trees from Mannenbach via the Reichenau to Allensbach.

L'île de Reichenau est belle en hiver également, même si les jours sont courts et rarement ensoleillés. Il existe un évènement particulier: le »Seegfrörne« (jours où le lac est complètement gelé), qui permet d'aller à pied sur la glace de Mannenbach à Allensbach en passant par l'île de Reichenau. Ce parcours est marqué par de petits sapins.

Anche in inverno Reichenau è bella anche se i giorni sono brevi e raramente soleggiati. Un avvenimento particolare è il congelamento del lago, dove si può passeggiare o pattinare da Mannenbach in direzione di Reichenau fino ad Allensbach su una via segnata da abeti.

50 Überall am Ufer liegen die Fischerboote. Früher waren sie aus Holz und schwarz geteert oder bemalt. Auch die Netze bestehen nicht mehr aus Baumwolle, sondern aus sehr feinen Kunstfasern, in welchen sich die Fische besonders leicht verfangen.

The fishing boats are tied up all along the waterfront. In the olden days they were made of wood and tarred or painted black. The nets are no longer made of cotton either; today the fishermen use fine synthetic fibres, which are particularly good for catching fish.

Partout le long de la rive, il y a des bateaux de pêcheurs. Jadis ils étaient en bois, leur coque étaint goudronnée ou couverte de peinture. Les filets eux-mêmes ne sont plus en coton, mais en fibres synthétiques très fines, permettant d'attraper les poissons sans peine.

Dappertutto sulla riva si vedono barche di pescatori. Prima erano di legno e nere per la pece o colorate. Anche le reti non sono più di cotone ma di fini fibbre sintetiche, nelle quali facilmente i pesci vengono catturati.

Die Gemeinde Reichenau und ihr wirtschaftliches Leben.

Die Gemeinde Reichenau ist recht kompliziert zusammengesetzt. Die Insel selbst umfaßt nur ein Drittel der Gemarkung. Die anderen zwei Drittel liegen als fünf Exklaven auf dem Festland, teils nahe am Gnadensee, teils auf dem Bodanrück. Die dortigen Reichenauer Waldungen sind fast so groß wie die gesamte Insel. Das letzte Drittel besteht aus den Wohngebieten Waldsiedlung und Lindenbühl, dem Areal des Psychiatrischen Landeskrankenhauses Reichenau, aus Wiesland und einem Anteil am Naturschutzgebiet Wollmatinger Ried. Dieses ist mit seinen ausgedehnten Schilfbeständen, Feuchtwiesen und seinem Reichtum an Wasservögeln ein Naturdenkmal europäischen Ranges. Es wird vom Naturschutzbund Deutschland e. V. betreut, der in einem neuen Naturschutzzentrum im ehemaligen Reichenauer Bahnhof eine Tonbildschau und eine Ausstellung über das Wollmatinger Ried zeigt und Führungen veranstaltet.
Durch dieses Schutzgebiet hindurch führt der im frühen 19. Jahrhundert aufgeschüttete 1,3 km lange Damm mit den charakteristischen Pappelreihen, an deren Ende die Kirche von Oberzell den Ankommenden begrüßt. Von ihr bis zur westlichsten Spitze der Insel in Niederzell sind es etwa 5 km, die größte Breite beträgt 1,5 km.

Die Gemeinde Reichenau hat sich im Schatten der mächtigen Abtei, genauer, im politischen Kampf mit ihr gebildet. Bereits kurz nach 1400 gibt es auf der Reichenau *Ammann, Rat und Gemeinde*, und ein Jahrhundert später taucht ein *Bürgermeister* auf, der den Kloster-Ammann allmählich zurückdrängen wird. Seit 1976 ist die Gemeindeverwaltung im Südflügel des ehemaligen Klostergevierts untergebracht, während das alte Rathaus an der Ergat heute das Heimatmuseum beherbergt. Die »Auer« sind stolz auf ihre Gemeinde, die sich erfolgreich gegen eine Eingemeindung nach Konstanz gewehrt hat.

Die Bevölkerungsentwicklung zeigt im 20. Jahrhundert zwei prägnante Wachstumsphasen der Gemeinde, nämlich zwischen 1910 und 1939 (Verdoppelung) sowie in den fünfziger Jahren. Seither hat sich der Zuwachs verlangsamt, was wohl auf das begrenzte Baulandangebot zurückzuführen ist. Der Boden ist sehr teuer geworden, und solange der Gemüsebau rentiert, wird der Villenbau stagnieren.
Heute wohnen auf den 1278 Hektar der Gemeinde Reichenau rund 4800 Einwohner, davon 3200 auf der Insel. Rund drei Viertel der Bevölkerung sind katholisch und gehören einer der drei Inselpfarreien an, während die Evangelischen einer Filialkirche der Gemeinde Konstanz-Wollmatingen zugeordnet sind.

Vom Keller bis unter den First ist das Heimatmuseum Reichenau reich bestückt mit interessanten Objekten und Abbildungen aus der Geschichte der Insel und ihres Klosters. Die Ausstellung im Keller ist dem Weinbau gewidmet.

The Reichenau Museum of Local History is richly stocked from top to bottom with interesting objects and illustrations of the history of the island and the monastery. The exhibition in the cellar is dedicated to wine-growing.

De la cave jusqu'en haut du toit, le musée local de Reichenau contient une multitude d'objects intéréssarts et de tableaux illustrant l'histoire de l'île et de son monastère. L'exposition que l'on trouve dans la cave retrace l'histoire de la viticulture.

Dalla cantina fino al tetto, il museo regionale è fornito di molti oggetti interessanti e di illustrazioni della storia dell'isola e del suo monastero. L'esposizione in cantina è dedicata ai vini.

Das alte Rathaus an der Ergat, dem Zentrum der Gemeinde in Mittelzell. Das Haus hat eine bewegte Vergangenheit und ist heute ein würdiger Rahmen für das 1982 eröffnete Heimatmuseum. Im Nebengebäude ist das Verkehrsamt untergebracht.

The old town hall on the Ergat, where the community centre is housed in Mittelzell. The hall has an eventful past and provides a fitting accommodation for the Museum of Local History which was opened in 1982. The neighbouring building houses the tourist information office.

Le vieil hôtel de ville, situé dans la rue »An der Ergat«, centre de la commune de Mittelzell. Le bâtiment a un passé agité et est digne d'abriter le musée local ouvert en 1982. Le syndicat d'initiative se trouve dans le bâtiment voisin.

Il vecchio municipio presso l'Ergat, il centro del comune a Mittelzell. La casa ha un movimentato passato ed oggi dal 1982 ospita il museo regionale. Nel palazzo accanto si trova l'ente per il turismo.

52 Die beiden Türme der romanischen Basilika St. Peter und Paul begleiten den Wanderer getreulich durch den unteren Teil der Insel, welcher besonders reich an reizvollen Buchten mit Ausblikken zum Unter- und zum Zellersee ist. Die vielen Wirtschaftswege der Gemüsebauern dienen auch den Spaziergängern und Radlern, so daß sich fast von selbst Kontakte ergeben.

The two towers of the romanesque Basilica of St. Peter and St. Paul accompany the walker on his way through the lower part of the island. This side of the island is full of charming bays with views of the Lower Lake and the Zellersee. The numerous paths used by the vegetable farmers serve walkers and bike riders alike, so that contact is easily made.

Les deux tours de la basilique romane Saint Pierre et Saint Paul accompagnent fidèlement le promeneur, au cours de ses pérégrinations dans le bas de l'île, un lieu riche en baies charmantes et en points de vue sur l'Untersee et le Zellersee. Les nombreux chemins tracés par les maraîchers pour leur propre utilité, servent aussi aux promeneurs et aux cyclistes, si bien que les contacts se produisent presque tout seuls.

Le due torri della basilica romana San Pietro e Paolo accompagnano devotamente il viandante attraverso l'ultima parte dell'isola, particolarmente ricca di attrattive baie con viste dell'Untersee e dello Zellersee. Le molte vie sparse sui campi facilitano i contatti dei viandanti e dei ciclisti con gli ortolani.

Der Gnadensee reichte früher bis fast an die Umfassungsmauer des Klosters – es waren für die hohen Herren nur ein paar Schritte vor der »Herrenbruck« bis ins Gästehaus des Abtes! Heute ist auch das Kloster von Gemüsefeldern umgeben; die Tomaten blühen nahe beim gotischen Chor.

In older times the Gnadensee almost reached the exterior wall of the monastery – it was only a few steps for the high lords from the »Herrenbruck« to the abbot's guest house! Today even the monastery is surrounded by vegetable fields; tomatoes thrive close to the gothic choir.

Le Gnadensee s'avançait jadis pratiquement jusqu'aux murs d'enceinte du cloître. Pour les grands messieurs, il n'y avait que quelques pas à faire pour aller du »Herrenbruck« (pont des messieurs) à l'hôtellerie de l'abbé! Aujourd'hui encore le monastère est entouré de champs de légumes; les tomates fleurissent tout près du chœur gothique.

Il »Gnadensee« si espandeva prima quasi fino alle mura circostanti del monastero. Per i nobili, dal ponte dei Signori fino alla casa dell'abate bastavano pochi passi. Oggi anche il monastero è circondato da campi di ortaggi; i pomodori fioriscono accanto al coro di stile gotico.

Die Insel der Gärtner, Winzer und Fischer

Obschon es in der Gemeinde ein gut entwickeltes Gewerbe und sogar einen respektablen Industriebetrieb gibt, ist die Zahl der Auspendler, vor allem nach Konstanz, hoch. Bekannt geworden aber ist die Insel durch ihre über 250 Gartenbaubetriebe. Ein »richtiger« Reichenauer Landwirt betrieb um 1925 sowohl Wein- als auch Obst- und zunehmend Gemüsebau, hatte vielleicht bereits ein Glashaus, bestimmt mehrere Frühbeete, zwei bis drei Kühe, womöglich ein Berufs- oder Nebenerwerbsfischerpatent und ein oder zwei Fremdenzimmer; er fuhr seine Produkte mit dem Ruder- oder Motorboot zum Wochenmarkt nach Radolfzell oder gar mit Handkarren oder Kuhgespann nach Konstanz, mindestens zum Verladen auf den Bahnhof Reichenau; Streu, Heu, Öhmd und Holz von seinen Grundstücken auf dem Festland holte er mit den starkgebauten »Heugondeln« und im Winter, wenn der Gnadensee – was häufig vorkommt – zugefroren war, mit dem Schlitten. Man kann sich heute kaum mehr vorstellen, was für vielfältige, zeitaufwendige und kompliziert verschlungene Arbeitsgänge und -wege in dieser Allnutzungs-Landwirtschaft notwendig waren – notwendig im eigentlichen Sinn, denn einmal verdarb die Weinernte, dann war die Fischerei schlecht oder das Gemüse erfror.

Auf alten Photos kann man noch die dichtbepflanzten Rebparzellen sehen, die während Jahrhunderten um die 200 Hektar und somit die Hälfte der Insel bedeckten. In den zwanziger Jahren unseres Jahrhunderts waren noch rund 50 Hektar stark verstreuter und meist kleinparzelliger Rebflächen vorhanden, zunehmend durchsetzt von Gemüseland, was bei der Bewässerung und der Schädlingsbekämpfung zu Schwierigkeiten führte. Ein außerordentlich starker Frost im Winter 1928/29 brachte das vorübergehende Aus für die tausendjährige Tradition des Reichenauer Weinbaus. Der Gemüsebau »schluckte« jedoch diese Flächen mühelos; 1965 gab es erst wieder 5 Hektar Reben. Die Flurbereinigung ließ die letzten kleinen Rebparzellen verschwinden, aber es entstand zugleich ein Rebenaufbauplan, und 1975 wurde eine Rebbaugenossenschaft gegründet, welcher heute rund die Hälfte der 13 Hektar Reben untersteht. Diese sind im wesentlichen in zwei Lagen konzentriert, am Südhang der Hochwart und am Vögelisberg.

Die Oberzeller Kirche ist umgeben von Gemüsefeldern, doch die Gewächshäuser dürfen diesem ehrwürdigen Kulturdenkmal nicht zu nahe treten.

The Oberzell church is surrounded by vegetable fields, but the greenhouses are not allowed to come too close to this venerable cultural monument.

L'église d'Oberzell est entourée de champs de légumes, mais les serres n'ont pas le droit de s'approcher trop près de ce respectable monument culturel.

La chiesa di Oberzell è circondata da campi d'ortaggi, però le serre non possono avvicinarsi troppo a questo monumento di cultura venerabile.

Noch immer ist die Freilandtomate ein weitverbreitetes – und besonders schmackhaftes – Produkt der Reichenau. Wir blicken über ein großes Tomatenfeld hinüber zum »Haus zur Tanne« zwischen Ober- und Mittelzell.

Open bed tomatoes are still a popular – and particularly tasty – product of the Reichenau. The view stretches over a large tomato field to the »Haus zur Tanne« boundary between Oberzell and Mittelzell.

La tomate poussée en plein champ est toujours un produit au très bon goût en provenance de l'île de Reichenau et exporté assez loin. Notre regard survole un grand champ de tomates pour arriver à la partie de l'île portant le nom de »Haus zur Tanne« entre Oberzell et Mittelzell.

Ancora oggi i pomodori in pieno campo sono un prodotto diffuso – e particolarmente gustoso – di Reichenau. Vediamo »Haus zur Tanne« dietro il campo di pomodori, tra Oberzell e Mittelzell.

Die alten Sorten aus der Zeit vor 1928 sind heute fast völlig verschwunden. Gut die Hälfte des Ertrags bringt die weiße Sorte *Müller-Thurgau,* im Thurgau selber »*Riesling-Sylvaner*« genannt. Einige Auer sollen die ersten Schößlinge dieser resistenten, frühreifenden und ertragreichen Rebe aus der Schweiz herüberzuschmuggeln versucht haben; weit war das ja nicht, und die Buße von DM 50,– hat sich seither bezahlt gemacht. Rund ein Viertel der Reben sind *blauer Spätburgunder,* und den Rest teilen sich *Gutedel, Ruländer, Kerner* und *Muskat.*

Hat sich der Weinbau also ordentlich erholt und einen festen Platz auf der Reichenauer Produktpalette erobert, so ist der Obstbau heute kein Thema mehr. Er kann auch früher nicht sehr bedeutend gewesen sein, aus Platzgründen nämlich. Immerhin belieferten die Reichenauer Anfang unseres Jahrhunderts die Märkte der umliegenden Städte mit Obst. Doch seit die Gemüsekulturen dominieren, ist nur noch Platz für etwas Mostobst, denn Apfel- und Birnenmost war lange das Hausgetränk – der Wein wurde verkauft! Hingegen hat man seit der Flurbereinigung, die etwa 300 Bäumen auf der Insel das Leben kostete, über 1000 junge Bäume und 2000 Sträucher angepflanzt, hauptsächlich aus Überlegungen des Landschaftsschutzes heraus.

Die Reichenauer Landwirte hatten früher in ihrem vielfältigen Marktsortiment auch Fische, denn die Fischerei war und ist dort als Haupt- und als Nebenerwerb eine immer noch wichtige Beschäftigung. Vor fünfzig Jahren gab es hier über 150 Berufs- und Nebenerwerbsfischer; heute sind es noch 35 Berufsfischer, das ist immerhin mehr als die Hälfte aller Berufsfischer am Untersee. Seit jeher gibt es auch einen *Fischermeister,* den früher klösterlichen und später badischen Aufseher über die Fischerei. Seit über dreihundert Jahren ist dieses Amt in der gleichen Familie.

Standen früher die Rebstecken dicht und unregelmäßig, so bedingen die heutigen Arbeitsmethoden im Rebberg weite Abstände zwischen schnurgeraden Reihen (Drahtanlagen). Die Winzergenossenschaft pflegt ihren Wein im Winzerkeller, welcher sich im Untergeschoß des Konventsbaus (heute Gemeindeverwaltung) befindet.

The vines may well have been set up irregularly and too close together in olden times, but today modern vinyard practice demands large gaps between the straight rows (using wire installations). The wine growers' organisation tends to its wine in the vinyard cellar in the monastery basement (today the town council).

Si les ceps de vigne étaient jadis serrés et plantés irrégulièrement, les méthodes de travail d'aujourd'hui laissent la place à de larges intervalles entre les rangées de ceps absolument droites (ces vignes sont soutenues par des fils de fer). La coopérative soigne son vin dans une cave de vigneron, située dans les sous-sols du monastère (aujourd'hui on trouve dans ce bâtiment l'administration communale).

Prima le vigne erano situate fitte e irregolari; i metodi di lavoro d'oggi richiedono sufficienti distanze tra le file dritte delle viti (costruzioni a filo). La cooperativa Winzer cura il suo vino nelle sue cantine, che si trovano nel piano sotterraneo della costruzione del monastero (oggi l'amministrazione comunale).

Winterliche Ruhe am Gnadensee. Aber die Boote der Fischer liegen bereit, um dem Felchenlaich nachzugehen, das heißt dem besonders streng geregelten Fang der laichreifen Blaufelchen, deren Eier »gestreift« und in die Fischbrutanstalt zur Erbrütung gebracht werden.

Winter peace and quiet prevail on the Gnadensee. Yet, the fishermens' boats are lying ready for the search for whitefish spawn. This is a very strictly controlled gathering of rare spawning »powan« whitefish, which provides the fish breeding institute with eggs for incubation.

Calme hivernal sur le Gnadensee. Mais les bateaux des pêcheurs sont prêts à suivre le frai des féras, c'est à dire à attraper les féras bleus du lac prêts à la ponte, selon des règles très strictes ils provoqueront la ponte des œufs en'»pressant«'les poissons-femelles, et déposeront les œufs à la station d'alevinage jusqu'à leur éclosion.

Tranquillità invernale sul Gnadensee. Le barche dei pescatori sono però pronte alla cattura severamente controllata delle uova dei coregoni blu le cui uova vengono prese eppoi portate allo stabilimento dell'incubazione per la cova.

Bis zur Einverleibung der Abtei Reichenau ins Bistum Konstanz im Jahre 1540 war Ihro Gnaden der Abt, und nach ihm der Konstanzer Bischof, nicht nur oberster Herr über die Fischerei im Untersee, sondern auch Besitzer aller Fischereirechte im Gnadensee und in der Markelfinger Bucht. Während die Reichenauer Lehensfischer aber auch an der allgemeinen Fischerei im Untersee teilhatten, war den *Umsassen* des äußeren Sees die Fischerei im Gnadensee verwehrt.

Als Fanggeräte verwenden die Fischer am Untersee heute hauptsächlich verankerte Schwebnetze und Bodennetze. Ab etwa fünf Uhr abends werden sie, außer in den Schonzeiten und übers Wochenende, täglich von den Fischern ausgebracht, was heute noch ein schönes Bild ergibt. Das Einholen geschieht am folgenden Morgen so früh, daß man im Sommer schon um drei Uhr aus den Federn müßte, wollte man dabei zusehen oder gar mit hinausfahren.

Bis etwa 1950 war die Zuggarnfischerei verbreitet. Am Untersee gebrauchte man dazu bis zuletzt die großen, geteerten Holzboote, die, wie das Fanggerät, auf der Reichenau *Watt* heißen. Eine *Watt* bestand aus einem 180 Meter langen und über 20 Meter hohen engmaschigen Netz mit Pappelrinden- oder Korkstükken als Schwimmer; es wurde um den vermuteten Fischschwarm herum ausgeworfen und gleich anschließend von vier Mann eingezogen. Um 1900 gab es auf der Reichenau noch ein Dutzend solcher Wattschiffe. Diese Fischerei bedeutete Schwerstarbeit. Ein typisches Tagewerk der Wattfischer sah etwa so aus: Am frühen Morgen fuhr man, vielleicht gegen den Westwind, bis Höhe Mammern oder Eschenz und tat dort und unterwegs einige Züge. Dann setzte man Segel und ließ sich bis ins Ermatinger Becken treiben, nicht ohne den einen oder andern Zug zu probieren. Die zwei Kilometer lange Seerheinstrecke mußte gerudert werden, im Konstanzer Trichter gab es wieder einiges zu ziehen. Gegen Abend ließ man sich den Seerhein hinunter zur heimatlichen Au treiben.

Nicht alle Berufsfischer leben nur vom Fischfang. Am ganzen Untersee ist die Verbindung von Kleinlandwirtschaft und Fischerei typisch gewesen; für die Reichenau heißt das heute entsprechend: Gemüsebau und Fischerei. Ein Familienmitglied widmet sich hauptsächlich der Fischerei und hilft im Gemüsebau, wenn dort alle Hände gebraucht werden.

Not all professional fishermen live from fishing alone. The combination of market-gardening and fishing is typical of the entire region of the Lower Lake; on the Reichenau this means vegetable-growing and fishing. One member of the family devotes his time mainly to fishing and helps out in the fields when all hands are needed there.

Tous les pêcheurs professionnels ne vivent pas uniquement de la pêche. Partout sur les bords de l'Untersee, l'association de la culture et de la pêche a caractérisé la vie économique. Pour l'île de Reichenau, cela signifie aujourd'hui: maraîchage et pêche. Un seul membre de la famille se consacre spécialement à la pêche et aide pour les cultures de légumes quand tous les bras sont nécéssaires.

Non tutti i pescatori di professione vivono solo di pesca. All'Untersee era tipico collegare piccola economia agricola e pesca. Questo oggi per Reichenau significa coltivazione degli ortaggi e pesca. Un membro della famiglia si dedica principalmente alla pesca e aiuta alla coltivazione degli ortaggi quando sono richieste tutte le forze della famiglia.

Ganz besonders pflegten die Reichenauer den Fang der Brachsen, denn dieser Fisch, der zwar in den Gaststätten nicht begehrt war, ersetzte zu Hause oft das teure Fleisch und die edleren Fische, die man lieber verkaufte. Zur Laichzeit im Frühling sammelten sich die Brachsen früher in riesiger Zahl vor allem bei der Mündung der Aach unweit von Radolfzell. Fischer vom ganzen Untersee trafen sich in diesen Nächten dort und kehrten oft mit randvoll gefüllten Booten heim. Durch Hälterung im klaren Wasser und vor allem geräuchert ist dieser Fisch heute noch beliebt. Es wird sogar eine Reichenauer Feinkostspezialität davon hergestellt, die Brachsen-Frikadelle.

Mit dem Fischernachwuchs sei es zur Zeit nicht schlecht bestellt, heißt es. Kommen aber mehrere schlechte Fangjahre hintereinander, springt der eine oder andere wieder ab. Die »Alten« gehen fischen, solange sie nur irgend können, oft bis weit in die Achtzig hinein.

At the moment there is plenty of young blood in the fishing industry, so they say. But if several consecutive bad seasons come along, one or two always pull out. The »old men« go fishing as long as they possibly can, often until well into their eighties.

On dit que la succession des pêcheurs est bien assurée de nos jours. Mais si plusieurs années de mauvaise pêche se succèdent, l'un ou l'autre pêcheur change d'orientation. Les vieux vont à la pêche aussi longtemps qu'ils le peuvent, souvent jusqu'à l'âge de quatre-vingts ans et plus.

Le nuove leve dei giovani pescatori sono in questi tempi in numero sufficiente. In caso di cattivi anni di pesca consecutivi può succedere che qualcuno se ne allontani. I »vecchi« vanno a pescare fino a quando in qualche modo ne hanno le forze, spesso fino agli ottant'anni.

Während vieler Jahre war der Rückgang der Schilfbestände eine ernste Sorge, gerade auch für die Fischer, ist doch der Hecht, ein wichtiger »Brotfisch« und bei der Fortpflanzung auf das Schilfufer angewiesen. Die Ursachen dieses Schilfsterbens sind intensiv erforscht und Gegenmaßnahmen eingeleitet worden, so daß Aussicht besteht, die restlichen Schilfbestände zu retten.

For many years the declining reed stocks were a serious cause for concern especially to the fishermen, since pike, an important source of income, need the reedy shore for their breeding grounds. The reasons for this decline are being researched intensively and measures to prevent this happening have been introduced, so there is a good chance of saving the reeds.

Pendant bien des années le recul des surfaces où poussent les roseaux a causé beaucoup de soucis, et justement aux pêcheurs. En effet le brochet, un poisson important si l'on veut gagner sa vie, dépend étroitement de ses possibilités de reproduction parmi les roseaux qui couvrent les rives. Les causes de cette mort des roseaux ont fait l'objet de recherches intensives qui ont conduit à des mesures de protection. On peut maintenant espérer sauver les surfaces restantes.

Durante gli anni in cui la quantità delle canne si riduceva, ci si preoccupò seriamente anche per la riproduzione del luccio, che dipendenva dalle rive di canna, e specialmente per i pescatori, per i quali il luccio è un pesce che porta molti guadagni. Le cause della morte delle canne sono intensamente ricercate e sono state preparate contromisure che lasciano sperare la salvezza del rimanente patrimonio di canne.

Sonnenuntergang mit Blick auf den Hegau. Die breiten, kiesigen Uferstreifen sind jeden Sommer mit Wasser bedeckt, und öfters tritt der See über das Normalmaß hinaus über die Ufer. Die jüngsten eigentlichen Hochwasserjahre waren 1965 und 1987.

Sunset and a view over the Hegau. The wide pebbled strips of shore are covered with water every summer, and the lake often breaks its banks. The most recent flood years were 1965 and 1987.

Coucher de soleil avec vue sur l'Hegau. Les rives larges et couvertes de galets sont recouvertes par l'eau chaque été et souvent le lac lui-même inonde ses rives. Les années récentes d'inondation ont été 1965 et 1987.

Tramonto con veduta dell'Hegau. Le large rive di ghiaia sono, ogni estate, coperte dall'acqua e spesso le acque del lago superano la riva oltre la misura normale. Le piene più recenti risalgono al 1965 e 1987.

Mehrere Pumpwerke versorgen das feinmaschige Wasserleitungsnetz zur Beregnung der Kulturen. Heute kann jedes Feld bewässert werden. Den dabei ausgewaschenen Humus ersetzt man im Freiland vorwiegend mit Gründüngung, in den Gewächshäusern mit eingearbeiteten Pflanzenabfällen und gelegentlichen »Zufuhren«,

Several pump installations provide the fine irrigation network with water for the plantations. Today every field can be irrigated. The humus earth, which is washed away, is substituted outdoors with compost, and in the greenhouses with plant waste and the occasional supply of nutrients.

Plusieurs stations de pompage désservent le réseau de distribution d'eau, semblable à un filet dont les mailles seraient très serrées, et dont la fonction est l'arrosage des cultures. Aujourd'hui on peut arroser chaque parcelle. Quant à l'humus qui sort délavé de cette opération, on le remplace surtout par de l'engrais vert dans les champs et par des déchets biologiques décomposes dans les serres, et quelquefois par des épandages de fumier.

Diversi impianti d'irrigazioni approvviggionano la densa rete di tubi d'acqua per l'innaffiamento delle colture. Tutti i campi possono essere irrigati. L'humus dilavato nei campi viene sostituito prevalentemente con concime verde e nelle serre con i resti delle piante.

Zum Fisch gehören Wein und – Gemüse! Selbst wer von den Winzern und Fischern der Reichenau wenig oder keine Ahnung hat, dem ist doch bekannt, daß die Reichenau die Gemüseinsel ist, und dies schon lange. Seit Mitte des 19. Jahrhunderts wurde in dem schütterer werdenden Rebgelände alles mögliche dazwischengepflanzt, mit Vorliebe grüne Bohnen, die in die Konservenfabriken geliefert wurden. Um die Jahrhundertwende war die Parität zwischen Wein- und Freilandgemüsebau bereits erreicht. Die wenigsten Reichenauer aber konnten sich damals schon dem intensiven Gemüsebau widmen, weil sie noch andere Erwerbszweige pflegten. Da aber der Gemüsebau sicherere Erträge brachte als der Wein- und Obstbau sowie die Fischerei, nahm er stetig zu: Zwischen 1920 und 1930 verdoppelte sich die Anbaufläche, eine Genossenschaft wurde gegründet, und der von mehreren Familien betriebene Gemüsegroßhandel lieferte in die Städte der nahen und weiteren Umgebung. In den dreißiger Jahren und während des Krieges wurde dann schon fast die ganze Produktion per Bahn in die Großmärkte von Stuttgart, Nürnberg und München geliefert. Dem intensiven, gärtnerischen Gemüsebau wurden in den folgenden Jahrzehnten denn auch die Viehhaltung, der Obst- und teilweise der Weinbau »geopfert«.
Erst 1933 erhielt die Insel eine Trinkwasserversorgung. Vorher mußte das Wasser für Haus und Stall mit der Tragbutte, für die Felder mit dem Güllenfaß aus dem See geholt werden; jetzt war die Beregnung hausnaher Felder möglich. Intensive Bewässerung baut aber vermehrt Humus ab, der anfangs mit zugekauftem Pferdemist aus den Kasernen der Region ergänzt werden mußte.
Gegen Kriegsende nahm die Produktion stark ab. Durch die von den französischen Besatzungsbehörden im Mai 1945 verfügte Evakuierung der Insel wurde dem Gemüsebau ein schwerer Schlag versetzt. Als die Einwohner im Spätsommer zurückkehren durften, waren die Kulturen völlig verwildert, viele Treibhäuser mutwillig beschädigt, die Häuser und Scheunen geplündert.

Nach der Währungsreform ging es dann allerdings rasch bergauf. In den fünfziger Jahren wurde es auf der bisher stillen Aue laut: Traktoren und Motorfräsen ersetzten phonstark die Muskelkraft von Tier und Mensch. Die Unterglasfläche verdoppelte sich schon bis zu den sechziger Jahren und ihre Vermehrung stagnierte lediglich während der Energiekrise. Der etappenweise Ausbau der Großberegnungsanlage und, damit verbunden, die Flurbereinigung zwischen 1966 und 1980 verwandelten die Reichenau aus einer Idylle in eine wohlorganisierte, durchrationalisierte und -technisierte Produktionslandschaft, die den Charakter der Insel weitgehend bestimmt.

In jüngster Zeit prägt noch ein anderer Wirtschaftszweig die Insel mehr und mehr: der Tourismus. Der liebste Gast auf der Reichenau ist der alljährlich wiederkehrende, länger Station machende Stammgast. Für die treuesten werden Ehrenempfänge veranstaltet, und Stammgäste hat die Insel, seit es Touristen gibt. Von den über 200 000 Übernachtungen jährlich entfallen 120 000 auf die rund 800 Betten der Hotels, Ferienheime, -wohnungen und Gästezimmer, und etwa 90 000 auf die Campingplätze, von denen zwei auf dem Festland liegen. Dazu kommt ein enormer Tagestourismus, über den es allerdings keine verläßlichen Zahlen gibt. Diese Ausflügler reisen vor allem mit Bussen und Privatautos an, tragen zum starken Verkehr auf der Insel wesentlich bei und verstärken den Zivilisationsdruck auf das empfindliche Naturleben der Uferzonen.

Die heutige Gemüseproduktion der Reichenau konzentriert sich auf folgende Arten: Hausgurken, Kopfsalat, Feldsalat, Tomaten, Kohlrabi und Lauch. Gelegentlich machen Neuheiten Furore, wie die »bunten« Salate mit Lollo rosso als Spitzenreiter.

Today's vegetable production on the Reichenau is concentrated on the following sorts; cucumbers, lettuces, corn lettuces, tomatoes, kohlrabis and leeks. Occasionally novelties cause uproar, such as the »colourful« lettuces with lollo rosso as the current runner.

La production actuelle de lègumes sur l'île de Reichenau tourne autour des produits suivants: concombres, laitues, mâche, tomates, chou-raves et poireaux. A l'occasion, des nouveautés telles que les salades aux couleurs variées avec les laitues rossia en tête, font fureur.

La produzione di verdure dell'isola di Reichenau oggi è concentrata a cetrioli, insalate, lattughelle, cavoli e porri. Occasionalmente certe novità fanno furore come per esempio l'insalata variopinta del lollo rosso.

70 Ein Feld mit Freilandtomaten: Den Hintergrund bildet der ausgedehnte, rund 800 Meter hohe Seerücken auf der Schweizer Seite. Jede Tomatenpflanze braucht ihren Pfahl. Gepflanzt wird erst, wenn nicht mehr mit Nachtfrost gerechnet werden muß, denn anders als etwa bei Salat kann man die Tomaten nicht mit Plastikfolien abdecken.

A tomato field with the 800 metre high lake ridge stretching out behind it on the Swiss side. Each tomato plant needs its own pole. They are not planted until the night frosts are over, since the tomatoes cannot be covered with sheets of plastic like the lettuce plants.

Un champ de tomates cultivées en pleine terre. L'arrière-plan est formé par le plateau du »Seerücken« sur la rive suisse à une altitude de de 800 mètres environ. Chaque pied de tomates est muni d'un tuteur. On ne les plante que quand on pense qu'il ne gèlera plus, car à la différence des salades, on ne peut pas recouvrir les tomates de feuilles de plastic.

Campo di pomodori: nello sfondo le larghe colline, circa 800 metri alte, del Seerücken sul lato svizzero. Ogni pianta di pomodori necessita di un palo. I pomodori vengono piantati solo quando le gelate notturne sono finite; perché diversamente dalle altre insalate non è possibile coprirli con fogli di plastica.

Auch hier blicken wir zum Seerücken, der sich nach Osten langsam abflacht. Der Wegrand im Vordergrund ist bewußt »naturbelassen«. Es wächst die Einsicht daß zu Intensivkulturen auch Ausgleichsflächen gehören, wenn die Kleinlebewesen nicht ausgerottet werden sollen.

This view looks over to the lake ridge slowly flattening out to the east. The wayside in the foreground has been left »natural« on purpose. It is clear that intensive plantations need other clear stretches of land to balance them out if smaller types of flora and fauna are not to die out.

Là aussi nous avons un panorama sur le »Seerücken« (paysage de côteaux) qui s'abaisse lentement vers l'est. Les bords du chemin, au premier plan sont volontairement abandonnés à l'influence de la nature. La conviction que des surfaces laissées à l'état naturel servent de compensation à celles où l'on pratique une culture intensive fait son chemin et ceci d'autant plus que l'on veut éviter d'exterminer les petits êtres vivants.

Veduta delle colline del Seerücken stendersi lentamente verso est. Il margine della strada in primo piano è volutamente lasciato naturale. Cresce l'opinione che alle colture intensive devono essere abbinate superfici d'equilibrio naturale se non si vogliono distruggere i piccoli organismi viventi

72 Oh ja, es gibt oft Nebel am Bodensee – glücklicherweise nicht in den wärmeren Jahreszeiten! Doch eine Wanderung auf der nebelverhangenen Reichenau hat ihren unverwechselbaren Reiz.

There is definately a lot of fog on Lake Constance – luckily not during the warmer seasons! Yet a hike along the misty Reichenau has its own unmistakeable charm.

Il y a souvent du brouillard dans la région du lac de Constance – heureusement pas pendant la saison la plus chaude – cependant une promenade dans le brouillard sur l'île a un charme incontestable.

Eh sì, c'e spesso nebbia al lago di Costanza – fortunatamente non nelle stagioni calde. Però una passeggiata nella nebbia a Reichenau ha un suo fascino tutto particolare.

Sollte sich jemand daran stören, daß es auf den Reichenauer Feldern nur Gemüse und kaum Blumen gibt, so betrachte er oder sie dieses Gemüse doch einmal in Einzelexemplaren und von nahem. Wirken Broccoli, Tomate, Zucchetti, rote Beete und alle andern nicht höchst dekorativ?

Anyone objecting to the fact that the Reichenau fields are filled with vegetables and no flowers, need only take a closer look at the individual plants. Aren't broccoli, tomatoes, courgettes and beetroots very decorative after all?

Si quelqu'un prend ombrage du fait qu'il ne pousse que des légumes et pas de fleurs dans les champs de l'île de Reichenau, il faut qu'il ou qu'elle examine ces légumes de plus près – un seul exemplaire à la fois. Est-ce que les choux brocoli, les tomates, les courgettes et les betteraves rouges ne sont pas d'un effet extrêmement décoratif?

Dovrebbe a qualcuno disturbare che nei campi di Reichenau si coltivino solo ortaggi e quasi per niente fiori, osservi lui o lei questi ortaggi ancora una volta da vicino e singolarmente. Broccoli, pomodori, zucchini, rape rosse ed altre verdure non sono molto decorative?

Das kleine Gewächshaus mag aus den fünfziger Jahren stammen als es noch zahlreiche »idyllische Winkel« gab. Dafür, daß sie nicht alle verschwinden, sorgen die Reichenauer, die um die Häuser nicht genug Blumen anpflanzen können.

This small greenhouse may date from the fifties, when there were still numerous »idyllic spots« to be found. Amongst others the inhabitants of the Reichenau do their bit to make sure these corners do not disappear too, by planting as many flowers around the buildings as they can.

La petite serre a peut-être été construite dans les années cinquante, alors qu'il y avait de nombreux »coins idylliques«. Ce sont les jens habitant l'île de Reichenau et dans l'impossibilité de planter suffisamment de fleurs autour de leurs maisons, qui ont récemment entrepris d'éviter que ces coins idylliques ne disparaissent tous.

La piccola serra forse è degli anni 50 quando ancora c'erano ancora numerosi »angoli idillici«. Che non siano tutti scomparsi è utile non per ultimo agli isolani che non hanno molto spazio nei dintorni delle case per piantare abbastanza fiori.

Approach

The Swiss shore offers the best view of the Reichenau. If you follow the road from Tägerwilen towards Zürich, turn off to the right through the woods, almost straight away the road comes out of the woods – and you have the whole island spread in front of you! Starting at the causeway, which is marked by a double row of majestic poplars, your gaze wanders over the Schopflen ruins surrounded by willows to the church of St. George in Oberzell and over the vineyards to Hochwart hill, as far as Mittelzell and Niederzell.
The view is also aesthetically perfect, especially when the morning sun emphasizes the outlines, yet the built-up centre of the island and the hard glass panes of the greenhouses seem to fade out of sight. Spellbound, your eyes stay fixed on the island, and only gradually do you see the wonderfully variable and changing scenery in which the Reichenau is embedded. Only a few metres separate it from Ermatingen, from Allensbach, the Mettnau peninsula and the Höri promontory; by boat it is only a few kilometres to Radolfzell and Steckborn. The Hegau region extends between the volcanos, which have been inactive since primeval times. This serene landscape is framed by the widely spread wooded heights of Schienerberg hill and the flatter, undulating terrain of the Bodanrück ridge.

Arrival

The approach to the Reichenau via the poplar-lined causeway is certainly impressive, but the »classical« way to arrive is by boat. This, however, is only possible between Easter and October with the Swiss and German tourist boats or by ferry from Allensbach. Travellers therefore usually approach the island from the south or the south-east, from the »Rhine side«. You can catch a glimpse of the beach houses and villas through the trees and in front of them, more in the water than on it, the snug roofs of an old-established boat yard,

Approche

C'est du côté suisse que l'on a la vue la plus parfaite sur l'île de Reichenau. On suit la route de Tägerwilen à Zürich, dans la forêt on oblique tout de suite à droite, et on ressort presque immédiatement de la forêt – et voilà que l'on a toute l'étendue de l'île devant soi! Tout d'abord on laisse glisser le regard vers la digue, dont une majestueuse allée de peupliers dessine les contours, puis audelà des anciens pâturages entourant les ruines de Schopflen sur l'église St-Georges à Oberzell et puis sur le Hochwart (point culminant de l'île) en passant par les vignes et de là jusqu'à Mittelzell et Niederzell.
La vue est également parfaite sur le plan esthétique lorsque le soleil matinal accentue tous les contours et que le centre de l'île aux constructions très rapprochées et les surfaces vitrées très strictes des serres donnent l'impression de se confondre. Le regard reste accroché à l'île, et ce n'est que peu à peu que l'on perçoit dans quelle région magnifique et variée, charmante et riche en contrastes l'île de Reichenau est située. Il n'y a que quelques centaines de mètres qui la séparent de la langue de terre d'Ermatingen, d'Allensbach, de la presqu'île de Mettnau et des hauteurs de la Höri; pour atteindre Radolfzell ou Steckborn il n'y a également que quelques kilomètres à parcourir lorsqu'on utilise la voie des eaux. La région du Hegau s'étend entre les volcans, résidus de temps très anciens, et les hauteurs très étalées et couvertes de forêt du »Schienerberg« et du »Seerücken« encadrent ce décor serein de même que les hauteurs plus modestes et allégrement plissées du »Bodanrück«. Il serait très compréhensible que, après avoir travaillé une semaine à la création du monde, le Bon Dieu ait dit le samedi soir en arrivant en ce lieu: »Doo gfallt's mer, doo höör' i!« (cela me plaît, je m'arrête là!). La vue s'étend en effet de la presqu'île de la Höri sur l'île de Reichenau sans rencontrer d'obstacle.

L'approdo

Una vista completa dell'isola di Reichenau si può avere dal lato svizzero del lago. Se si segue la strada che da Tägerwilen va verso Zurigo e, appena giunti nel bosco, si gira immediatamente a destra, uscendo dal folto degli alberi, si ha subito davanti a sé tutta l'isola. La vista spazia dapprima sul terrapieno, che è marcato da una doppia fila di pioppi, poi si sposta verso i vecchi salici che circondano le rovine dello Schopflen, e verso la chiesa di San Giorgio a Oberzell e verso l'Hochwart, spaziando al di là del Rebberg fino al »Mittel e Niederzell«. Il panorama dell'isola è però esteticamente perfetto quando il sole pomeridiano lascia in ombra il centro dell'isola, fittamente popolato di case, e le rigidi vetrate delle serre, mettendone in risalto soltanto i contorni. Lo sguardo allora resta attratto dall'isola in sè e lentamente si comprende quanto sia meravigliosamente varia e mutevole la regione in cui è situata Reichenau. Solo poche centinaia di metri dividono l'isola da Ermatingen, da Allensbach, da Mettnau e dall' Höri; e anche per andare a Radolfzell e Steckborn sono solo pochi chilometri, a patto che si usi la via sul lago. L'Hegau si stende tra i vulcani spenti di epoca preistorica; il sereno scenario è inquadrato nella cornice delle alte cime boscose dello Schienerberg e del Seerücken e dell'ondulate colline del Bodanrück.

L'arrivo

A dir il vero l'arrivo attraverso il terrapieno, con il suo viale fra due filari di pioppi, è di grande effetto, ma »classico« sarebbe l'approdo con la nave. Ciò è possibile però solo fra Pasqua e ottobre con i battelli tedeschi o svizzeri o con i traghetti da Allensbach. Il passeggero si avvicina all'isola per lo più da sud o sud-est, cioè dalla parte del Reno. Vede le case e le ville tra molti alberi e, lì davanti, quasi nell'acqua, i tetti gai di un vecchio cantiere navale, quindi l'approdo e lì accanto l'Hotel »Löchnerhaus«.

the jetty and next to it, the Hotel Löchnerhaus.
The trip on the motor boats belonging to the German Railway is exciting as well. They go from Radolfzell to the Mettnau peninsula via Iznang, past the villa belonging to the poet Viktor von Scheffel to the tiny Liebesinsel (love island). The church on the Höri promontory greets the traveller over the Zellersee (part of the lake between the Reichenau and Radolfzell). Over the Lower Lake the white tower of Berlingen church can be seen, and from further away the castles of Arenenberg and Salenstein.

Tour of the Reichenau

The landing stage with its milling masses and chaos radiates a summer atmosphere, with sailing masts, families of swans, hordes of cyclists, the police boat, strollers, cars, surfers and café guests. Following the lakeside path, we decide to walk clockwise around the island, with the sun on our backs. We set off from the Hotel Löchnerhaus and carry on via the »Schatthütle« path, past the landscape painter Heinrich Lotter's house to the south-west corner of the island. All around us market gardeners are at work, but we are drawn towards the lakeside path.
Now and again, through the willow trees and undergrowth, fishermens' huts and tool sheds, we catch a glimpse of the Thurgau border region, the tapering Lower Lake separated from the Zellersee by the wide Höri promontory.

Arrivée

Il faut bien reconnaître que l'arrivée par la route sur la digue: une allée bordée de peupliers, est très impressionnante, mais que l'arrivée en bateau serait plus classique. Cependant cela n'est possible qu'entre Pâques et le mois d'octobre sur les bateaux suisses et allemands assurant le trafic régulier, ou sur le bac à partir d'Allensbach. Ainsi en voyageant par bateau on s'approche de l'île par le côté sud-ouest, soit par le »côté Rhin«. On reconnait les petites maisons proches de la berge et les villas à travers les nombreux arbres et même devant, d'ailleurs elles sont plus dans l'eau qu'au bord de l'eau, on aperçoit encore les jolis toits d'un petit chantier naval établi sur l'île depuis longtemps, le débarcadère et, à côté, l'hôtel »Löchnerhaus«. La traversée sur les bateaux à moteur de la compagnie des chemins de fer allemands est intéressante également: on part de Radolfzell, en passant par Iznang jusqu'à la presqu'île de Mettnau, on passe aussi devant la villa du poète Viktor von Scheffel et devant la minuscule île d'amour (petite île ainsi nommée). On salue au passage l'église située sur les hauteurs de la Höri, qui domine le Zellersee (partie du lac entre Radolfzell et Reichenau) et le clocher blanc de l'église de Berlingen qui domine l'Untersee (Lac Inférieur) et plus loin encore les châteaux d'Arenenberg et de Salenstein.

Tour de l'île

Fourmillement estival et tumulte règnent dans le port de plaisance: mâts des voiliers, familles de cygnes, hordes de cyclistes, bateau de police, touristes en randonnée, voitures, véliplanchistes, clients des cafés. Où se trouve le »Uferweg« (chemin le long de la rive)? Nous choisissons d'avancer dans le sens des aiguilles d'une montre, afin d'avoir le soleil dans le dos, nous prenons l'hôtel »Löchnerhaus« comme point de départ, nous passons devant la »Schatthüttle« (petite cabane qui donne de l'ombre) puis devant la maison du peintre paysagiste Heinrich Lotter et nous nous diri-

Affascinante è anche il viaggio con i motoscafi della ferrovia tedesca, che da Radolfzell portano, attraverso Iznang, verso la penisola di Mettnau, passando davanti alla villa del poeta Viktor von Scheffel e alla minuscola »Liebesinsel« (isola dell'amore). Al di là del lago di Radolfzell »Zellersee« sul promontorio dell' Höri si intravede una chiesa (Hörikirche); su un altro tratto del lago, chiamato »Untersee« lago Inferiore, si vede il bianco campanile di Berlingen e, in lontananza, si intravedono i castelli Arenenberg e Salenstein.

La visita

La folla e il caos domenicale regnano allo scalo del battello: gli alberi maestri delle barche a vela, cigni, gruppi di gitanti in bicicletta, i motoscafi della polizia, persone che passeggiano, automobili, gente seduta nei caffè. Dov'è il »lungolago«? Giriamo a destra, anche per avere il sole alle spalle, ci avviamo verso l'Hotel »Löchnerhaus« e, attraversando lo »Schatthütle«, passiamo dinanzi alla casa del pittore paesaggista Heinrich Lotter, arrivando così alla punta sud-occidentale dell'isola. Dappertutto vediamo ortolani che lavorano, ma noi siamo attirati dal lago e dal viottolo che corre lungo la sua riva. Tra salici e rovi, capanne di pescatori e rimesse per gli attrezzi, cogliamo qua e là ancora qualche veduta panoramica verso i confini svizzeri della Torgovia, il lago Inferiore che diventa stretto e la larga penisola dell'Höri che lo separa dal lago di Radolfzell; dietro gli alberi e i canneti della riva il nostro sguardo viene attirato dai monti dell'Hohentwiel, Hohenstoffeln, Hohenhöwen e Hohenkrähen (che vista nei giorni in cui spira il vento fon). In fondo al viottolo, vicino alla chiesa di San Pietro e Paolo, con i suoi due campanili, che si sono visti più volte brillare tra gli alberi della riva, si arriva di nuovo sulla strada provinciale dove si incontrano rumorosi trattori, allegri ciclisti e qualche turista che continua imperterrito a usare l'auto.
Lungo il »Gnadensee« il lago della Grazia si riacquista invece la pace. La linea lungo la riva dell'altra sponda corre di-

Behind the trees and reeds of the lake shore, we can see the Hohentwiel, Hohenstoffeln, Hohenhöwen and Hohenkrähen hills (the view from there is breathtaking in Foehn weather!). Back down in Niederzell, near the double towers of the church of St. Peter and Paul, which we have seen several times shining through the lakeside trees, we carry on along the country road. Tractors rattle by and we come across joyful cyclists and a few untiring tourists in cars.

Along the Gnadensee (between Reichenau and Hegne), it is quieter again. The bank on the opposite side stretches in an almost straight line via Allensbach and Hegne to Wollmatingen. The high red chimney looming above the red roofs also mark the bounds of the municipality of Reichenau. Two thirds of the community live on the mainland, away from the reeds up towards the wooded drumlin of the Bodanrück ridge.

Back to the island! By the yacht harbour, one should turn away from the water and pay a longer visit to the area of the monasteries. Perhaps the time has come to look for an inn or a café. With our strength back, we can then carry on as far as the »Bruckgraben« thoroughfare, where smaller boats can pass through from the Gnadensee to the Lower Lake. On the other hand, we can even venture as far as the Schopflen ruins. We will not return along the »private« lakeside, but across the fields to Hochwart hill, a proud 40 metres above the lake and 440 metres above sea level.

The View

The view from Hochwart hill includes everything we have seen during our tour. We know our way around quite well by now! But who would have guessed that the Säntis mountain was so near behind the ridge over Ermatingen! On a clear day you can even see the Zacken and Grate mountains of the Vorarlberg range. On summer evenings one can see the sun go down on the opposite side in all its glory – more

geons vers la pointe sud-ouest de l'île. Partout les maraîchers sont au travail, mais pour notre part, nous nous sentons attirés vers le lac, vers le chemin qui longe le bord du lac. Entre saules et buissons, cabanes de pêcheurs et abris à outils, nous saisissons au passage, une fois ou l'autre, des perspectives de la zone frontalière du Thurgau (canton suisse sur la rive suisse), de l'Untersee (Lac Inférieur) qui va en se resserrant et de la large presqu'île de la Höri qui sépare cette partie du lac, du Zellersee (entre Radolfzell et Reichenau). À l'arrière-plan de la rive couverte d'arbres et de roseaux du Zellersee nous nous sentons attirés par les sommets du Hohentwiel, du Hohenstoffeln, du Hohenhöwen et du Hohenkrähen (sommets volcaniques de la région du Hegau) – quelle vue magnifique on a de là les jours de foehn! Tout en bas à Niederzell, près de l'église aux deux clochers de St Pierre et St Paul que l'on a vue plusieurs fois resplendir entre les arbres de la rive, on reprend la petite route où l'on rencontre de bruyants tracteurs, de joyeux cyclistes et quelques touristes en voiture égarés. Le long du Gnadensee (Lac de Grâce) il règne un calme plus grand. La ligne dessinée par la rive s'étend de manière assez rectiligne d'Allensbach et Hegne à Wollmatingen: Là, où la haute cheminée rouge domine des toits de couleur rouge, on retrouve les bornes de démarcation de la commune de Reichenau. Deux tiers de son territoire se trouvent sur la terre ferme et s'étendent entre la ceinture de roseaux et les buttes morainiques du »Bodanrück«.

Mais retournons sur l'île! C'est à la hauteur du port de plaisance que l'on devrait prendre congé de l'eau et rendre au domaine formé par le monastère une assez longue visite. Peut-être est-ce également le moment approprié pour se mettre à la recherche d'un restaurant ou d'un café. Ayant repris des forces nous pourrons ensuite poursuivre jusqu'au »Bruckgraben« (une sorte de canal) qui permet aux petits bateaux de passer de du Gnadensee à l'Untersee, ou bien pousser jusqu'aux ruines de Schopflen. Pour revenir nous ne prenons pas le chemin le long de la rive »privée« mais

ritta verso Wollmatingen, attraverso Allensbach e Hegne. Lì, dove rossi camini si innalzano su altrettanto rossi tetti, è di nuovo comune di Reichenau. Infatti due terzi del territorio comunale si trovano sulla terraferma, stendendosi dai canneti fino alle coste del Bodanrück.

Ritorno all'isola! Arrivati al porto degli yacht ci si dovrebbe allontanare dalla riva e visitare attentamente i dintorni del monastero. Forse si ha anche voglia di fermarsi in un caffè o ristorante e poi, rifocillati, raggiungere il »Bruckgraben«, che rende possibile il passaggio di piccole battelli dal lago della Grazia a quello Inferiore.

Forse ci possiamo spingere fino alle rovine del castello Schopflen.

Questo giro però non è possibile farlo attraverso il viottolo »privato« bensì attraverso i campi fino all' Hochwart, cioè ben 40 metri più in alto e a 440 sul livello del mare.

Il panorama

La vista dall' Hochwart riunisce, come in un film, tutto quello che abbiamo visto sfilare dinanzi ai nostri occhi durante questo giro. Ora ci orientiamo già abbastanza bene. Ma chi avrebbe mai pensato di vedere dietro l'altura di Ermatingen il monte Säntis? Nei giorni sereni si può vedere addirittura la frastagliata catena del Vorarlberg. Dalla parte opposta, in estate, si può ammirare il tramonto del sole in tutta la sua magnificenza: molti dicono che è più bello che a Capo Nord. L'isola e la terraferma sono già quasi avvolti nell'oscurità, ma il lago luccica e rispecchia ancora tutti i

beautiful than at the North Cape, some say. Soon after sunset, the island and the mainland are shrouded in darkness. The lake, however, continues to glisten, reflecting all the colours and shades of the evening sky.
The view from up here also reveals a more disturbing aspect of this delicate landscape. Many idyllic spots have been built on since the Second World War, both on the Swiss and the German sides of the lake, and even on the island itself. Old buildings have been ruthlessly »modernised«; the new buildings have often been erected with no consideration for the regional style. Even the greenhouses belonging to the market gardeners are becoming more and more extensive.
Those who love the island turn a blind eye to this. For the time being, there is still an abundance of beauty for the thirsty eye to take in.

Sanctus Pirmin...

Every year on St. Pirmin's day, the people of the Reichenau celebrate the arrival of their monastic founder with a song written by the former doctor of the island, Flesch. The verses of this song faithfully follow the legend, according to which Pirmin, on his arrival at the island in 724, found it overgrown with thick undergrowth. The ground was marshy and inhabited only by wild animals, toads and poisenous snakes. As the legend goes, no sooner had the saint touched the ground, the hideous creatures fled the island and flung themselves into the water. Their flight lasted three days and three nights.
Whether the transformation of the isle into a habitable place actually happened in this way, is a mystery. The island was once inhabited in prehistoric times, yet at the time of the founding of the monastery, it had been uninhabited for centuries. For this reason, the situation seemed particularly suitable for a monastery. Mountains, wasteland and solitary islands were ideal positions for monastic seclusion, according to the Christian missionaries. It is therefore no wonder that St. Pirmin, who came from

des chemins à travers champs, et nous arrivons ainsi au sommet du Hochwart (point culminant de l'île), soit une hauteur de 40 m. au-dessus du niveau du lac et de 440 m. au-dessus du niveau de la mer.

Panorama

La vue panoramique du haut du Hochwart rassemble en un seul coup d'œil tout ce que, pendant notre circuit à pied, nous avons vu défiler sous nos yeux. Nous nous y connaissons déjà bien! Et pourtant! Qui devinerait que le Säntis se dresse si près derrière les hauteurs qui dominent Ermatingen? Quand la vue est dégagée on voit même également les crêtes du Vorarlberg et ses arêtes. Et de l'autre côté, en été, on peut voir, le soir, le soleil se coucher dans toute sa majesté – un spectacle plus beau qu'au Cap Nord, disent beaucoup de gens. Après ce coucher de soleil, île et terre ferme se retrouvent rapidement plongées dans l'obscurité, mais le lac reflète encore longtemps toutes les couleurs et toutes les nuances que le ciel et les nuages lui communiquent au moment du crépuscule.
Cependant, de cette hauteur, la perspective dégage également de nombreux élément de désaccord dans ce paysage à la structure très précise. Aussi bien sur le côté suisse que sur le côté allemand du lac et que sur l'île elle-même, de nombreuses et idylliques parcelles de terrain ont été recouvertes par les constructions depuis la seconde guerre mondiale. Ce qui est vieux est »modernisé« sans regret; les constructions neuves sont souvent réalisées sans que l'on tienne compte de l'architecture régionale. Même les serres des maraîchers occupent des surfaces de plus en plus grandes.
Il se peut que ceux qui aiment l'île ne fassent pas attention à ces fausses notes. En effet l'abondance de richesses demeure si grande, que l'œil assoiffé de beauté peut encore s'y désaltérer.

colori e le sfumature del cielo serale e delle nuvole. Purtroppo uno sguardo verso le alture della costa ci fa scoprire anche molte brutture in questo paesaggio finemente disegnato. Sia la costa svizzera, che quella tedesca sono state vittime, dalla seconda guerra mondiale in poi, di speculazione edilizia. Edifici antichi vengono modernizzati senza pietà; edifici moderni vengono spesso costruiti senza tener conto delle particolarità architettoniche regionali. Anche le serre e i capannoni dei produttori ortofrutticoli diventano sempre più vasti.
Chi ama quest'isola non curi questi scempi: per occhi assetati di bellezza resta, nonostante tutto, una gran dovizia di puro oro.

San Pirminio

Esiste una poesia, scritta da un medico di campagna, con cui gli abitanti dell'isola celebrano ogni anno, il giorno di San Pirminio, l'arrivo del fondatore del monastero. I versi riportano fedelmente la leggenda, secondo cui, all'arrivo del santo nell'anno 724, l'isola era ricoperta di rovi, cespugli e paludi ed era abitata solo da animali selvatici, rospi e serpenti. Ma non appena il santo, questo racconta la leggenda, mise piede sull'isola, queste bestie ripugnanti abbandonarono l'isola e si gettarono nell'acqua. La fuga durò tre giorni e tre notti. Se per Pirminio e i suoi seguaci fu veramente così facile cambiare questa terra di nessuno in una zona abitabile, questo non ci è dato saperlo. Sappiamo però con sicurezza che in tempi preistorici l'isola era stata abitata, ma al tempo di Pirminio e della fondazione del monastero essa era disabitata già da secoli. Proprio questa condizione la fece sembrare interessante, giacché le montagne, le isole spopolate e i deserti, venivano considerati dai missionari cristiani quali posti ideali per l'isolamento monacale. Perciò non c'è nulla di particolare nel fatto che Pirminio, che proveniva dall'Irlanda attraverso la Francia, giunto nella regione alemanna, vide in questa terra inospitale il posto ideale per fondarvi il suo monastero. Mentre i suoi confratelli Willibrord e Bonifacio avevano intrapreso la loro

present day France to Alemannia, chose this inhospitable isle, which at the time was still called Sintlazau, to found his monastery.
While his colleagues Willibrord and Bonifatius carried on the missionary work in the Northern regions of the expanding Franconian empire, Pirmin was assigned a mission in the South, under the protection of Karl Martell. Here lived the Alemannics, who had only recently joined the Empire and had proved to be unruly. His work included not only organizing the church and founding monasteries, but also an intensive educational programme. Even though they had been christened, the Germanic people at this time had no idea of Christian teachings and values. They had never heard of Adam and Eve or the Ten Commandments. They did not even know the meaning of the word »sin«. Pirmin, therefore, had to start with the most elementary things in his »Scarapsus«, a small handbook which he had written for his missionary work. He first had to teach them, for instance, that as a Christian, one did not pray to rocks, trees and stones.

Pirmin and his companions first made a clearing on the shores of the Gnadensee and erected simple wooden buildings, which served as a church and accommodation.
The founder of the monastery himself

Sanctus Pirmin

C'est avec un chant apparu jadis sous la plume du médecin de l'île: le docteur Flesch, que les habitants de Reichenau commémorent chaque année l'arrivée du fondateur de leur monastère. Les versets suivent fidèlement la légende selon laquelle à l'arrivée de Pirmin, vers l'année 724, l'île était couverte de buissons et de taillis épais, consistait surtout en terrains marécageux et était uniquement habitée d'animaux sauvages, de crapauds et de serpents venimeux. Mais, à peine le saint eut-il foulé le sol, ainsi le rapporte la légende, que ces horribles animaux s'enfuirent de l'île et se jettèrent à l'eau. Cette fuite aurait duré trois jours et trois nuits.
Quant à savoir si la transformation de l'île en un lieu habitable se déroula pour Pirmin et ses compagnons vraiment d'une manière aussi simple, nous n'avons pas besoin de nous prononcer sur la question. Certes des hommes s'étaient déjà établis sur l'île à une époque préhistorique, mais à l'époque de la fondation du monastère elle était déjà inhabitée depuis des siècles. C'est ce fait même qui fit qu'on la considéra comme particulièrement appropriée à l'implantation d'un monastère, puisque les montagnes, les déserts et les îles isolées passaient auprès des missionnaires chrétiens pour les emplacements idéaux favorisant l'isolement monastique. Il n'y a donc rien d'inhabituel à ce que Pirmin, le moine itinérant, après avoir traversé ce qui est aujourd'hui la France, pour aller vers les pays alémaniques, ait choisi cette île inhospitalière, qui portait encore alors le nom de »Sintlazau«, pour y fonder son monastère.
Tandis que ses collègues Willibrord et Bonifatius avaient entrepris leur travail missionnaire dans les régions du nord du royaumes des Francs, alors en pleine expansion, Pirmin devait pour sa part entreprendre cette tâche dans le sud, sous la protection de Charles Martel, auprès des Alamans, qui ne faisaient pas encore partie du royaume depuis longtemps et qui se montraient réfractaires. Cette tâche ne consistait pas seulement à créer une organisation écclésiastique et

missione nelle regioni settentrionali del regno dei Franchi, che era in espansione, Pirminio, sotto l'egida di Carlo Martello, si accollò lo stesso compito nel Sud, presso gli Alemanni, una indocile popolazione, che da non molto tempo faceva parte del regno. Per la realizzazione di tale missione bisognava pensare non solo alla costruzione dell'organizzazione eccclesiastica e alla fondazione del monastero, bensì anche ad un lavoro di intensa rieducazione. Benché fossero battezzate, le popolazioni germaniche erano ben lontane dal sapere cosa fosse il vero contenuto dell'insegnamento cristiano. Esse non avevano mai sentito parlare nè di Adamo ed Eva nè dei dieci comandamenti, ed anche il concetto di »peccato« gli era estraneo. Perciò Pirminio dovette trattare questioni molto elementari nel suo »Scarapsus«, un libretto che lui aveva scritto per il suo lavoro di missionario. Tra le altre cose egli dovette insegnare loro che i cristiani non adorano le rocce, gli alberi e le pietre.
Per prima cosa Pirminio e i suoi seguaci dissodarono e bonificarono il terreno vicino al lago e innalzarono dapprima semplici edifici in legno, che gli servivano da chiesa e abitazione.
Il fondatore del monastero non restò a lungo sull'isola. A causa di contrasti fra il duca degli Alemanni e il suo protettore Carlo Martello, egli dovette abbandonarla dopo appena tre anni. La sua peregrinazione lo portò dapprima nell'Alsazia e poi nel Palatinato, regioni in cui fondò altri monasteri.

Augia Dives – La Ricca Riviera

La fondazione di Pirminio si basò fin dall'inizio sulla proprietà terriera. Le entrate, che il monastero percepiva dai villaggi contribuenti che si trovavano sul tratto del lago Inferiore, bastavano per una condizione economica sicura. Nobili benefattori, che per la salvezza dell'anima si mostravano generosi nelle offerte, arricchirono enormemente l'estensione dei possedimenti, uno sviluppo che andò di pari passo con l'ascesa dei Carolingi.

did not stay long on the island. He had to leave it after three years because of differences of opinion between the Alemannic duke and Karl Martell, whom Pirmin favoured. He continued on his way to Alsace and the Rhineland, where he founded further monasteries.

Augia dives – the Rich Island

St. Pirmin's monastery had land from the start. The taxes collected from the villages around the Lower Lake provided the monastery with a steady income. This manorial system was enlarged considerably by noble benefactors, who showed their patronage to the monastery by generous donations for the sake of their soul's salvation. This practice slackened with the rise of the Carolingians.
The donators were entered in the Reichenau Book of Friendship. The monks made a point of particularly remembering those mentioned in it in their prayers. The following should be mentioned in particular: Markgraf Gerold, a brother-in-law of Charlemagne, and Emperor Charles III, who died nearly a hundred years later and who was named »Fatty« in retrospect. Both were brought to the island after their death, where they were buried in a promonent position next to the high altar in the Reichenau Abbey.
As a result of the donations and gifts it received, the monastery came into the possession of numerous estates in the course of time on the Baar, in the Swabian mountains, around Ulm, in the region west of Lake Constance and in North Switzerland. Some estates lay as far away as Lake Como in the South.
The saying goes that whenever the abbot of the Reichenau travelled to Rome, he was able to sleep on his own property every night. This should not be taken literally, but it illustrates the immense wealth of the abbey. A more profound reason for the extensive support of the abbey, which in the meantime had gained independance from the bishop of Constance, was not only the

à fonder des monastères, mais encore à accomplir un travail d'éducation intensif. Même si les peuples germaniques étaient baptisès à cette époque-là, ils étaient encore très loin de savoir ce qu'était le contenu des doctrines et des valeurs chrétiennes. Ils n'avaient jamais entendu parler d'Adam et d'Eve, ni des dix commandements; le concept de »péché« leur était également inconnu. C'est pourquoi dans son petit manuel: Le Scarapsus, qu'il avait écrit pour son travail de missionnaire, Pirmin dut encore traiter des notions tout à fait élémentaires. Entre autres choses il dut tout d'abord leur enseigner que les chrétiens n'adorent pas les rochers, ni les arbres ni les pierres.
Pirmin et ses compagnons défrichèrent une clairière sur la rive du Gnadensee et y élevèrent tout d'abord de simples constructions en bois qui leur servaient d'église et d'habitation.
Pour sa part le fondateur du monastère ne resta pas longtemps sur l'île. Il dut la quitter, alors que trois ans s'étaient à peine écoulés, en raison des différends de plus en plus importants entre le comte alémanique et Charles Martel, qui le soutenait, lui Pirmin. Chemin faisant il traversa l'Alsace et le Palatinat où il fonda également d'autres monastères.

Augia dives – l'île riche

(Etymologie du mot Reichenau: »reich« soit riche, et »Au« soit île)
Les biens fonciers furent dès l'origine partie intégrante de la fondation de Pirmin. Les revenus que le monastère tirait des villages, situés sur le pourtour de l'Untersee, et qui devaient lui payer des redevances, représentaient des revenus assurés sur le plan économique. Les bienfaiteurs nobles, qui pour assurer le salut de leur âme témoignaient leur faveur au monastère en lui faisant des dons généreux, contribuèrent largement à développer l'extension de ces possessions foncières. Il faut dire que ce fait était étroitement lié à l'ascension des Carolingiens.
Les noms des bienfaiteurs furent enre-

I benefattori venivano inclusi nel libro della fratellanza di Reichenau. Il convento si curava di raccomandare in modo particolare nelle preghiere le persone iscritte in tale libro. In questo contesto si devono ricordare in particolare il conte della Marca Gerold, un cognato di Carlo Magno, e l'imperatore Carlo III, morto quasi un secolo dopo, che più tardi ricevette il soprannome di »il Grasso«. Entrambi vennero portati, dopo la morte, sull'isola e furono seppelliti accanto all'altare nella chiesa dell'abazia di Reichenau. Per via delle donazioni il convento acquisiva nel corso del tempo ricchi possedimenti nella regione della Baar, della Alb, nei dintorni di Ulm, nella zona occidentale del lago e nella Svizzera del Nord (singole proprietà arrivavano, a sud, persino fino al lago di Como).
Un detto molto diffuso secondo cui l'abate di Reichenau, quando andava a Roma, poteva sostare ogni sera sulla sua proprietà, non bisogna certo prenderlo alla lettera, ma illustra molto bene l'immensa ricchezza dell'abazia. Il motivo fondamentale dell'appoggio dato all'abazia, che nel frattempo era del tutto indipendente dal vescovato di Costanza, non era unicamente quello della salvezza dell'anima. Per l'appoggio dato in misura così grande ci si attendeva anche una contropartita mondana. In tal modo alcuni abati di Reichenau furono anche politici di alto rango. L'abate Waldo, per esempio, fu inviato a Pavia, la capitale dei Longobardi. Ivi ebbe il compito di educare e consigliare il figlio dell'imperatore, Pipino, di dieci anni, che era diventato, nonostante la sua giovane età, re dei Longobardi. Più tardi Waldo assunse l'amministrazione dell'episcopato di Pavia e di Basilea.
Gli abati di Reichenau vennero incaricati a volte anche di missioni diplomatiche. In tal modo il successore di Waldo, l'abate Heito, giunse fino a Costantinopoli. Quale uomo di fiducia di Carlo Magno fece parte di un gruppo di inviati che alla corte romana d'oriente condussero le trattative per un miglioramento dei rapporti bilaterali e influenzarono il riconoscimento dell'impero di Carlo Magno. La posizione più forte tra gli abati di Reichenau la ebbe comunque

salvation of the soul. A »secular« service was expected in return for support on this scale. In this way, many Reichenau abbots also became highly ranked politicians.
Abbot Waldo, for example, was delegated to Pavia, the capital of the Lombard Kingdom, by Charlemagne. There, he was responsible for advising and educating the ten year old Emperor's son Pippin, who had just become King of the Lombards, despite his young age. Later on, Waldo took over the administration of the bishoprics of Pavia and Basel.

Reichenau abbots were also trusted with diplomatic missions from time to time. On one of these missions, Waldo's successor, Abbot Heito, made it as far as Constantinople. As an intimate confidant of Charlemagne, he was part of an embassy to carry out negotiations for the improvement of mutual relations in the East Roman court and to obtain recognition of Charlemagne's empire. Hatto III held the most powerful position of any Reichenau abbot. The busy abbot held a number of offices simultaneously. He was Archbishop of Mainz and presided over various abbeys other than the Reichenau. Besides these religious offices, he also held the secular office of chancellor under King Arnulf, whom he accompanied to Rome in 895/96 for the coronation of the Emperor. When Arnulf died three years later, he left the six year old Ludwig as his successor. As his guardian, Hatto had the task of carrying out governmental business.

gistrés dans le livre de la fraternité de l'île de Reichenau. L'assemblée monastique avait l'habitude de prier particulièrement à l'intention des personnes inscrites dans ce livre. Dans ce contexte il faut citer le nom du Margrave Gerold, beau-frère de Charlemagne, ainsi que celui de l'empereur Charles III, qui mourut presque cent ans plus tard, et à qui on donna par la suite le surnom de Charles Le Gros. Les dépouilles de ces deux hommes furent transportées sur l'île après leur mort et y reçurent une sépulture en un lieu choisi avec un soin particulier: près du grand autel de l'abbatiale de l'île de Reichenau.
Grâce aux dons en biens et en espèces, le monastère, au fil du temps, devint le propriétaire de nombreux biens fonciers: sur le plateau de Baar, sur le haut-plateau souabe, dans la région d'Ulm, dans la partie ouest du Lac de Constance, dans le nord de la Suisse – Quelques possessions isolées s'étendaient même au sud jusqu'au Lac de Côme.
Quant au bruit souvent répandu selon lequel l'abbé de Reichenau pouvait passer chacune des nuits de son voyage sur ses propres propriétés, quand il se rendait à Rome, il ne faut pas le prendre trop au sérieux; cependant il illustre parfaitement l'immense richesse de l'abbaye. Une raison plus profonde qui explique le soutien très étendu dont jouissait l'abbaye, qui entre temps était devenue indépendante de l'évêque de Constance, ne se limite pourtant pas seulement à l'espoir de salut. Ceux qui accordaient de tels soutiens s'attendaient également à recevoir une contrepartie »temporelle«. C'est ainsi que les abbés de Reichenau occupaient d'importantes fonctions politiques.
L'abbé Waldo, par exemple, fut envoyé par Charlemagne à Pavie, capitale du royaume de Lombardie. Là il reçut la mission de conseiller et d'éduquer le fils de l'empereur: Pépin, alors âgé de dix ans, et qui en dépit de son jeune âge venait d'être sacré roi des Lombards. Plus tard Waldo entreprit d'administrer les évêchés de Pavie et de Bâle.
Parfois les abbés de Reichenau recevaient également des missions diplomatiques. C'est ainsi que le successeur de

Hatto III. A questo abate molto occupato vennero affidate contemporaneamente varie funzioni amministrative. Egli era Vescovo di Magonza ed a capo, oltre che di Reichenau, anche di altre abazie. Oltre a queste funzioni ecclesiastiche egli ricopriva anche la carica di cancelliere sotto il re Arnolfo, e in tale funzione lo seguì a Roma per l'incoronazione nell'895/96. Quando Arnolfo tre anni dopo morì, lasciò come successore il figlio Ludovico, di appena sei anni; e Hatto condusse gli affari del regno in suo nome.
Lo stretto rapporto tra chiesa e politica nell'alto Medio Evo fece sì che le abazie divenissero punti tra i più importanti della politica carolinga. In questo periodo le abazie furono il serbatoio dal quale attingere gli uomini più capaci e dotti dell'impero, e tra quest'ultimi solo una elite aveva la possibilità di salire gli scalini per raggiungere l'onore del titolo di Abate.

La chiesa dell'abazia e la zona conventuale

L'ascesa a »Augia dives«, cioè a ricca riviera, come fu chiamata in questo periodo di fioritura il convento dell'isola, si rispecchiò nell'edilizia. I semplici edifici in legno del tempo di Pirminio vennero ben presto adattati all'importanza assunta dall'abazia e vennero sostituiti da rappresentative costruzioni in pietra.
Anche per ciò che riguarda la chiesa dell'abazia, la costruzione dei primi monaci venne sviluppata continuamente. Alcuni importanti stadi li possiamo vedere oggi visitando il monastero. Per esempio gli archi sul quadrato nella parte orientale derivano dalla basilica a croce, che venne completata nel periodo dell'abate Heito e inaugurata nell' 816. Walahfrid Strabo, che ancora bambino era giunto a Reichenau poco tempo prima questo avvenimento racconta che già due giorni prima dell'inaugurazione il lago era pieno di imbarcazioni. Vescovi e nobili vicini e lontani, i notabili dell'epoca quindi, erano giunti in gran numero per partecipare alle manifestazioni inaugurali.

The close connections between politics and the church in the early Middle Ages meant that the abbeys became the most important centres of Carolingian politics. At this time the abbeys formed the reservoir from which the most educated and able men of the Empire were extracted. This elite was reserved access to the title of Abbot.

The Abbey and the Monastery Grounds

The rise of the monastery to »augia dives« or »rich island« (German: Reiche Au, hence the name Reichenau), as it was called in its heyday, was paralleled in its building activities. The simple wooden buildings from Pirmin's day were soon replaced by more representative stone buildings to equal the growing significance of the abbey.
The abbey itself was also being continuously improved. A few important stages can still be seen if one looks at the cathedral today. For example, the crossing arches in the eastern part come from the Basilica of the Holy Cross, which was completed in Abbot Heito's time and opened in 816. Two days before the opening ceremony, the lake was already full of ships, reports Walahfrid Strabo who, himself still a child, had come to the Reichenau shortly before. Bishops and noblemen from near and far, the VIPs of the time, came en masse to take part in the celebrations. Heito's construction was at the time a novelty. The futuristic, Byzantine elements in the style were no doubt influenced by his journey to Constantinople, which had broadened his horizons. There he had the opportunity of getting to know the Byzantine architecture.
Further alterations followed. We know of these as a result of archeological research, although there is nothing left of them to be seen. For example, a Chapel of the Holy Cross in the form of a rotunda was annexed to the east side of the cathedral. This was built in the 10th century to commemorate the donation of the »Holy Blood Relic«. In the 15th century, however, it was replaced by the

Waldo, l'abbé Heito, alla jusqu'à Constantinople. En tant que confident intime de Charlemagne, il appartenait à une délégation qui devait négocier à la cour d'Orient pour obtenir l'amélioration des relations bilatérales et la reconnaissance de l'empire de Charlemagne.
Cependant ce fut Hatto III qui détint la position la plus puissante qu'eût jamais un abbé de Reichenau. Cet abbé très occupé se vit confier une multitude de fonctions au même moment. Il était archevêque de Mayence et administrait, en dehors de celle de Reichenau, d'autres abbayes. À ces fonctions religieuses s'ajoutait la fonction séculière de chancelier du roi Arnulf, et c'est dans l'exercice de cette fonction, dans les années 895/896 qu'il accompagna celui-ci à Rome, ou il devait être couronné empereur. Trois ans plus tard au moment de sa mort, Arnulf laissait un successeur âgé de seize ans: Louis, et Hatto, en tant que tuteur, s'occupa pour lui des affaires du gouvernement. L'existence de liens étroits entre la politique et l'Eglise au début du moyen-âge fit des abbés de Reichenau les points d'appui les plus importants de la politique carolingienne. À cette époque-là les abbayes constituaient le réservoir d'où sortaient les hommes les plus érudits et les plus compétents de l'empire, et seule cette élite accédait en retour, après avoir franchi les degrés de la hiérarchie, au grade et à la dignité d'abbé.

Abbaye et étendue du monastère

Le fait que le monastère de l'île de Reichenau ait obtenu le titre de »augia dives«, soit d'île riche, comme on le nommait à l'époque de son apogée, correspondit également à un développement intense de l'activité architecturale. Les simples constructions de bois datant de l'époque de Pirmin furent bientôt adaptées à l'importance croissante de l'abbaye et remplacées peu à peu par des bâtiments en pierre plus représentatifs. Et ceci vaut également pour l'église abbatiale: le bâtiment des premiers moines fut constamment agrandi. Lors de la

L'edificio di Heito rappresentava per l'epoca una novità. Che Heito fosse disposto ad accettare elementi dello stile architettonico bizantino, forse è da attribuire al suo viaggio a Costantinopoli che gli aveva aperto nuovi orizzonti. Ad ogni modo fu lì che ebbe modo di conoscere l'architettura bizantina.
Seguirono ulteriori ricostruzioni, individuabili oggi solo in base a ricerche archeologiche, che non sono più distinguibili ad occhio nudo. Così nella parte orientale del monastero vi era una cappella della Santa Croce a forma di rotonda che era stata costruita nel X secolo in occasione della donazione della reliquia del sangue sacro. Nel XV secolo tale cappella venne però sacrificata per la costruzione del coro gotico, esistente tutt'oggi. La chiesa dell'abazia aveva per un certo periodo una costruzione ad ovest a due torri, che probabilmente venne aggiunta alla fine del X secolo dall'abate Witigowo. Le costruzioni dell'abate Berno sono invece sopravvissute ai secoli. La casa obliqua situata a ovest e la torre si trovano in sostanza ancora oggi come alla loro inaugurazione nell'anno 1048. L'ospite più illustre fu l'imperatore Heinrich III che aveva particolarmente buoni rapporti con l'abate Berno.
Le testimonianze medioevali sulla rimanente zona conventuale si trovano sotto terra. Possiamo ricostruirle solo attraverso scavi archeologici.
Dalla pianta del convento di San Gallo che fu disegnata al tempo dell'abate Heitos possiamo vedere quali fabbricati rurali e artigianali dovevano trovarsi in un ideale convento benedettino d'allora.

gothic choir, which still stands today. According to legend, a west annex with two towers was also added at the end of the 10th century by Abbot Witigowo, who was particularly keen on building. The buildings from the time of Abbot Berno, however, have stood the test of time. The west transept and the tower are still standing and look much the same as at their inauguration in 1048. The most prominent guest at this ceremony was no less than Emperor Henry III, who cultivated particularly good relations with Abbot Berno.

Evidence of how the rest of the monastery grounds looked in the Middle Ages can be found underground. They can only be reconstructed by means of archeological excavations. The plans, which were drawn for the St. Gallen monastery during Abbot Heito's reign on the Reichenau show the working quarters and workshops which could be found in an »ideal« Benedictine monastery of the time. Not only the ground plans of the church, the monks' enclosure, the gardens and stables can be seen, but also the workshops of the baker, the brewer, the miller, the cooper, the chamberlain, the tanner, the saddler, the cobbler, the smithy, the doctor and others, whose work was imperative for monastery life. We know for sure that the enclosure and the cloister were situated on the north side of the Reichenau abbey. Directly beside them were the shores of the lake. In the Middle Ages, the lake came right inside the present day monastery grounds. The monastery buildings on the south side of the abbey only exist since the 17th century. Prince-bishop Jakob Fugger had the old monastery on the north side torn down once the new buildings were ready. Only the west wing has been partly preserved. It was used as a wine cellar, which was indespensable in those days since a monastery was entitled to almost 1000 litres of this drink annually.

visite de l'abbatiale on peut aujourd'hui encore retrouver quelques étapes importantes de cette évolution. Ainsi par exemple les arcs de croisée de transept, dont la partie est de l'édifice, proviennent de la basilique en forme de croix qui fut achevée à l'époque de l'abbé Heito et inaugurée en l'année 816. Deux jours avant cette inauguration le lac aurait déjà été couvert de bateaux, comme nous le rapporte Walahfrid Strabo qui lui-même, encore enfant à ce moment-là, n'était arrivé que très peu de temps avant cet évènement sur l'île de Reichenau. Il nous rapporte qu'évêques et nobles venus de près et de loin, et notables de l'époque, tous s'étaient dérangés en grand nombre pour participer aux festivités.

L'œuvre architecturale de Heito représentait une nouveauté pour l'époque. Le fait que Heito ait été ouvert à un style tellement futuriste, incluant des éléments de l'art bysantin, est peut-être dû à la chance qu'il avait eue de pouvoir élargir son horizon grâce à son voyage à Constantinople. Toujours est-il qu'il avait eu la possibilité d'apprendre à connaître sur place l'architecture bysantine.

D'autres mesures de transformation architecturale suivirent, on peut en suivre la trace aujourd'hui grâce aux résultats des recherches archéologiques et non pas grâce à des observations que nous pourrions faire sur place. Ainsi, il existait une chapelle latérale de la Sainte Croix en forme de rotonde reliée à la basilique sur le côté est, que l'on avait construite au dixième siècle à l'occasion du don de la relique du Précieux Sang. Cependant au quinzième siècle elle fut sacrifiée à la construction du chœur gothique qui existe encore aujourd'hui. Pendant un certain temps l'abbatiale fut dotée d'un bâtiment-à deux tours sur le côté ouest, il s'agit probablement d'une contribution apportée par l'abbé Witigo à la fin du dixième siècle, car il s'intéressait à l'architecture. Les parties de l'édifice qui ont survécu au défilé de siècles sont celles construites par l'abbé Berno. Le transept ouest et la tour ont dans leur ensemble été conservés jusqu'à aujourd'hui dans le même état que lors de leur inauguration en l'an 1048. L'empereur

Si possono riconoscere non solo le fondazioni della chiesa e le clausure dei monaci, orti e stalle, ma anche i posti di lavoro dei panettieri, birrai, mugnai, bottai, camerieri, conciatori, sellai, calzolai, fabbri, medici e di altri la cui attività era indispensabile per la vita del convento.

E' sicuro che a Reichenau la clausura e il chiostro si trovavano nel lato nord del duomo, immediatamente accanto alla riva. Il lago raggiungeva nel medio evo l'attuale orto del convento. Solo dal XVII secolo gli edifici conventuali si trovano nel lato sud del duomo. Il vescovo conte Jakob Fugger fece abbattere il vecchio convento del lato nord dopo che fu finita la costanzione del nuovo. Solamente l'ala ovest è in parte rimasta. Serviva da cantina. Poiché in questo periodo spettavano al convento quasi 1000 litri di vino all'anno, questo edificio era indispensabile.

Oberzell

Di grande significato per la storia della chiesa die San Giorgio è stato il regalo di una reliquia. L'abate Hatto III nell' 896 al seguito del re Arnulfs, andato a Roma per farsi incoronare, ricevette lì dal papa Formosus il capo di San Giorgio. Hatto portò la nuova reliquia a Reichenau, dove trovò posto nella nuova chiesa *Hattozelle,* oggi Oberzell.

La chiesa di San Giorgio, più di ogni altra tra le sopravissute chiese di Reichenau, è quella che ha conservato il suo stile più puro e armonico. E'diventata famosa nel mondo per i suoi affreschi del X e XI secolo. Recenti ricerche suppongono addirittura una data anteriore. Gli affreschi ci trasmettono l'impressione di come allora venivano ornate le navate della chiesa. Fino ad oggi questi affreschi non hanno smesso di affascinare i loro visitatori. Otto vasti affreschi della navata centrale illustrano i miracoli di Gesù. Le scene, rappresentanti soprattutto risurrezioni di morti e guarigioni miracolose, ci dovrebbero far ricordare il potere del Salvatore sulla vita e la morte.

Troviamo però nelle pareti della chiesa di Oberzell anche affreschi profani. Sul

Oberzell

A donated relic played an important role in the history of the church of St. George. Abbot Hatto III, who had travelled to Rome in the wake of King Arnulf for the latter's coronation in 896, received the head of St. George from Pope Formosus. Hatto brought the precious relic back to the Reichenau, where it was placed in a newly constructed church, the »Hattozelle«, in present day Oberzell.

The church of St. George is, as far as style and harmony are concerned, the most consistent of the Reichenau churches still standing. It has become famous, however, through its frescos from the 10th and 11th centuries. Recent research has provided evidence that these are even older. The paintings give an impression of how finely decorated the churches must have been at the time. Even today, they continue to enchant those who look at them. Eight extensive pictures in the nave illustrate the miracles worked by Jesus. The scenes, which mostly depict people being roused from the dead and miraculous healings, are intended to show us the Saviour's power over life and death.

We also find more mundane scenes on the walls of the Oberzell church. On the left-hand side – the women's side, of course – is a picture of four devils stretching a huge cow-hide between them. A fifth devil is sitting on it and trying to write on it what the two women pictured above are gossiping

Henri III en personne, compte parmi les notables qui furent accueillis dans cette église, il entretenait en effet des relations particulièrement bonnes avec l'abbé Berno.

Les témoignages qui nous informent sur les autres parties des bâtiments conventuels à l'époque du moyen-âge se trouvent sous le sol. Nous ne pouvons les reconstituer qu'au moyen de fouilles archéologiques. Grâce au plan du monastère de St Gall qui fut dessiné à Reichenau pour le monastère de St Gall à l'époque de l'abbé Heito, nous apprenons quels types de communs et d'ateliers d'artisans devaient se trouver dans l'enceintre d'un monastère bénédictin »idéal«. Nous reconnaissons non seulement les contours de l'église et de la clôture des moines mais aussi les lieux où travaillaient les représentants des diverses professions: boulangers, brasseurs, meuniers, tonneliers, trésoriers, tanneurs, selliers, cordonniers, forgerons, médecins et autres dont le travail était irremplaçable pour le monastère.

Il est tout à fait certain qu'à Reichenau la clôture et le cloître se trouvaient du côté nord de la basilique, car la rive du lac leur faisait directement suite. En effet, au moyen-âge le lac occupait une bonne partie de ce qui est aujourd'hui le jardin du monastère. Ce n'est que depuis la fin du dix-septième siècle que les bâtiments conventuels se trouvent du côté sud de la basilique. Quand les travaux de construction des nouveaux bâtiments furent achevés, le prince-évêque Jakob Fugger fit démolir l'ancien monastère qui se trouvait du côté nord. Seule l'aile ouest a été conservée. Elle servait de cave à vin. Et comme un moine disposait de presque 1000 litres de cette boisson par an, cette cave était donc indispensable.

Oberzell

Ce qui est d'une importance primordiale pour l'histoire de l'église St Georges, c'est l'histoire du cadeau d'une relique. L'abbé Hatto III qui avait suivi le roi Arnulf à Rome, où celui-ci devait être couronné empereur, reçut du pape Formose la tête de St Georges. Hatto fit

lato sinistro – il lato delle donne beninteso – sono rappresentati 4 diavoli, laceranti una grandissima pelle di vacca. Un quinto diavolo, seduto sopra, cerca di scrivervi sopra quello che dicono le due donne raffigurate un pò più in alto.

Niederzell

La storia di Niederzell comincia già nell'VIII secolo. Egino, il vescovo di Verona, aveva deciso di ritornare di nuovo nella sua patria alemanna e di passare lì la sua vecchiaia nella solitudine conventuale. Per questo motivo fondò nell'isola del monastero con il permesso dell'abate Waldo una chiesa in onore di San Pietro.

Eginozelle così era scritto nella fondazione. Nel 799 inauguro la sua chiesa riccamente arredata ed ornata con affreschi. Però al fondatore gli furono concessi di vivere ancora solo tre anni. Dopo la sua morte fu sepolto nella sua chiesa.

Nel XVII e nel XVIII secolo correva ancora il detto che si poteva vedere Egino seduto sulla sua poltrona nel suo sepolcro, se si faceva luce con una candela benedetta, attraverso una fessura della tomba. La curiosità, che correva insieme a queste voci, fu motivo per diverse aperture della tomba. In una di queste occasioni si sono portate alla luce anche le scarpe di Egino, che si potevano ancora vedere fino alla fine dell'ultimo secolo nella casa parrocchiale di Niederzell. Nel frattempo le scarpe sono scomparse – purtroppo prima di poter determinare se veramente avevano una età così venerabile.

Anche in San Pietro e Paolo la fondazione di Egino è rinvenibile solo in tracce sotterranee. Le fondamenta della chiesa, così come oggi la vediamo, risalgono all'XI e XII secolo.

about. However, it is too incredible to write down.

Niederzell

The history of Niederzell goes back as far as the 8th century. Egino, Bishop of Verona, had decided to return home to Alemannia to spend his last days in monastic seclusion. For this reason, he dedicated a church to St. Peter on the island with the permission of Abbot Waldo. This was called »Eginozelle«. It was opened in 799 and was richly furnished and decorated with frescos. However, its donator was only given three more years to live. He was buried in his church.

In the 17th and 18th centuries, it was said that Egino could still be seen in his grave sitting on a chair if one looked through a crack in his tomb with a consecrated candle. Due to the curiosity aroused by these rumours, the grave was opened several times. On one of these occasions, Egino's shoes were unearthed, and were on display in the presbytery until the end of the last century. In the meantime, the shoes have disappeared without trace – unfortunately before the truth about their age could be determined.

Traces of the foundations of Egino's construction can still be seen underground in St. Peter and Paul's. The church which stands today is in the same position, but dates mainly from the 11th and 12th centuries.

The Reichenau Scriptorium

In the early and high Middle Ages, abbeys also functioned as places of learning. Education was not, of course, available to everybody, but mostly to children from rich and powerful noble families. Almost all the knowledge gained at the time was learnt in the monastic schools, worked on and passed on to others. The most important place of learning was the monastery library with its annexed »Scriptorium«, or writ-

transporter la précieuse relique sur l'île de Reichenau, où elle fut placée dans une nouvelle église nommée »Hattozelle« (cellule de Hatto), qui se trouvait à l'endroit appelé aujourd'hui Oberzell.

L'église St Georges est, en ce quiconcerne la pureté du style et l'harmonie, l'église la plus équilibrée des églises de Reichenau qui existent encore aujourd'hui. Cependant elle est devenue célèbre grâce à ses peintures murales du dixième et onzième siècle; au cours des recherches les plus récentes on a même formulé des hypothèses sur une origine encore plus ancienne. Les peintures nous donnent l'impression que nous devons nous représenter les nefs des églises de cette époque comme richement décorées. Jusqu'à aujourd'hui ces peintures n'ont pas arrêté d'attirer les admirateurs dans leur sillage. Il y a huit grands panneaux dans la nef centrale, qui illustrent les miracles du Christ. Ces scènes, représentant surtout des résurrections de morts et des guérisons de malades, ont pour fonction de nous démontrer le pouvoir du Sauveur sur la vie et la mort.

Mais nous trouvons également des scènes plus profanes sur les murs de l'église d'Oberzell: du côté gauche – le côté des femmes naturellement – nous voyons quatre diables qui déploient une immense peau de vache. Un cinquième diable est assis dessus et essaye d'y inscrire les paroles que les deux femmes représentées au dessus de la peau ont à se dire. Cependant aucune peau de vache ne peut contenir ces paroles. (Cette parole est devenue une sorte de dicton.)

Niederzell

L'histoire de Niederzell remonte au huitième siècle. L'évêque de Vérone: Egino avait décidé de revenir dans sa patrie alémanique pour y passer la fin de sa vie dans l'isolement monastique. C'est pourquoi, avec l'autorisation de l'abbé Waldo, il fonda sur l'île de Reichenau une église en l'honneur de St Pierre. Cette fondation portait le nom de »Eginozelle« (cellule d'Egino). Richement aménagée et décorée de peintures murales, elle put être inaugurée en l'an 799;

Lo scrittorio di Reichenau

Nel basso e alto medio evo, le abazie avevano anche la funzione di centri di formazione, non accessibili a chiunque, soprattutto per i figli di famiglie di nobili ricchi e potenti. La raccolta, l'elaborazione e la trasmissione di quasi tutto il sapere di quel periodo avveniva nelle scuole dei monasteri. Una importantissima colonna della trasmissione del sapere era la biblioteca del monastero con l'annessa sala di scrittura, lo *scrittorio.* Qui avveniva l'intera produzione dei libri: dalla preparazione della pergamena – conciatura della pelle di vacca o di vitello – seguita dalla attentissima scrittura dei testi e spesso anche da illustrazioni di splendide miniature fino alla rilegatura del manoscritto.

Grazie all'opera del Reginbert, una personalità importante per la biblioteca di Reichenau, siamo a conoscenza oggi del volume dei tesori della biblioteca nel periodo carolingio. Durante la sua attività decennale di amanuense e bibliotecario redigette un catalogo di ben più di 400 manoscritti disponibili al suo tempo.

Il momento più glorioso, lo scrittorio l'ebbe però solo due secoli dopo l'avvento del nuovo millennio. In questo periodo i monaci avevano al loro servizio miniaturisti straordinariamente dotati, le cui opere vengono annoverate tra le più significative dell'arte libraria dell'occidente. Dobbiamo a loro la creazione di magnifici manoscritti con numerose miniature e sfarzose iniziali su pagine intere. Nel frattenpo lo scrittorio non produceva più solamente per il proprio bisogno, ma anche sotto ordinazione di alte ed onorevoli personalità: così furono redatti gli splendidi manoscritti di lusso

ing room. The total manufacture of books took place here. After the parchment had been prepared (shaved calfskin or sheepskin), the texts were painstakingly written up, many were illustrated with magnificent miniatures, and finally the hand-written manuscripts were bound.
Thanks to the works of a significant Reichenau scholar, Reginbert, we know of the full extent of the library treasures in Carolingian times. During his work as a writer and librarian, he compiled a catalogue of all the manuscripts written at the time. This encompassed more than 400 volumes.
The scriptorium of the monastery reached its peak, however, two hundred years later, around the turn of the millennium. At this time, there were some extraordinarily talented painters in the ranks of the Reichenau monks, whose works are among the most significant in western book illustration. They left us wonderful manuscripts with numerous full-page miniatures and truly magnificent initials. The scriptorium worked not only for its own requirements, but it also began to procure honourable commissions. It produced de luxe manuscripts for Emperor Otto III and his successor Henry II. Precious materials, such as gold, silver and crimson, were used for the ornamented pages, and gold and ivory were used for the covers.
Since these commissioned manuscripts did not stay on the Reichenau, they are spread all over the world today. This is just as well, because they would probably have had a less favourable destiny on the Reichenau. At the time of the monastery's decline, the books were not exactly treated carefully. Many were lost or lent out and not returned. When times were at their worst, they were even sold. What was left – approximately 300 manuscripts – of the library, which was so significant in former times, was brought to the state library in Karlsruhe during secularization, where they can still be seen today. For this reason, the treasures of the monastery only include one single evangeliar to remind us of its heyday.

mais le fondateur n'avait plus que trois ans à vivre sur l'île. Au moment de sa mort il fut enterré dans son église.
Au dix-septième et au dix-huitième siècle on racontait une légende selon laquelle on pouvait toujours voir Egino assis sur son fauteuil dans sa tombe, quand par une fente on éclairait son caveau au moyen d'un petit cierge béni. La curiosité, qui poussait à savoir ce que ces histoires avaient de vrai, fit qu'on ouvrit plusieurs fois la tombe. A l'une de ces occasions, dit encore la légende, on aurait également mis au jour les chaussures d'Egino, et il parait qu'on pouvait encore les voir à la fin du siècle dernier au presbytère de Niederzell. Dans l'intervalle les chaussures ont disparu – malheureusement avant que l'on ait pu établir si leur âge était vraiment si imposant.
A St Pierre et St Paul également, il ne reste que des traces souterraines du bâtiment d'origine de l'époque d'Egino. L'église que l'on voit aujourd'hui se trouve exactement au même endroit mais a été bâtie en grande partie au onzième et aux douzième siècle.

Le scriptorium de Reichenau

Au haut moyen-âge aussi bien qu'au bas moyen-âge les abbayes remplissaient également la fonction de centres d'éducation, certes pas pour tout un chacun, mais avant tout pour les enfants des familles nobles, riches et puissantes. On rassemblait presque toutes les connaissances de cette époque dans les écoles des monastères, on les travaillait et on les transmettait à d'autres personnes. Le pilier le plus solide de cette transmission des connaissances était la bibliothèque du monastère et le scriptorium qui lui était attenant, la salle réservée aux écritures. C'est là que se jouait tout le processus de fabrication des livres. À la préparation du parchemin – une peau de veau ou de mouton rasée, succédait la difficile écriture des textes, et pour beaucoup d'entre eux, leur illustration au moyen de magnifiques miniatures, et finalement le travail se terminait par la

per l'imperatore Otto III e il suo successore Heinrich II. Preziosi materiali come oro, argento e porpora furono usati per la decorazione delle pagine e oro e avorio per la rilegatura.
Poiché questi manoscritti furono redatti su ordinazione non sono rimasti a Reichenau, sono sparsi in tutto il mondo. Fortunatamente, perché a Reichenau, presumibilmente, gli sarebbe toccato un destino meno favorevole. Nei periodi di decadenza i libri non furono assolutamente curati, molti andarono perduti, molti altri prestati e non più restituiti. Nei periodi più terribili furono in parte addirittura dati in pegno. I rimanenti – circa 300 codici – dell'allora famosa biblioteca furono portati durante la secolarizzazione nella biblioteca regionale di Karlsruhe, dove oggi stanno a disposizione della scienza. Questo spiega perché nella tesoreria del duomo si trovi solo un singolo evangelistario del periodo di splendore del monastero dell'isola.

Walahfrid, il poeta monaco

C'è una canzone d'amore per l'isola molto bella del poeta monaco di Reichenau, Walahfrid Strabo. Nei suoi versi lamenta la sua nostalgia e quale dispiacere lo affligge, l'essere lontano dalla sua isola natale, dove visse più di dieci anni della sua infanzia ed adolescenza. Il suo desiderio di rivedere Reichenau fu esaudito

Walahfrid, the Poet Monk

The Reichenau's »poet monk«, Walahfrid Strabo, wrote one of the most beautiful love songs to the island. In his poem he laments being so far away from his native island, where he spent more than ten years of his childhood and youth. His desire to see the Reichenau again was only fulfilled after an absence of many years. A study visit to Hrabanus Maurus in Fulda was followed by an invocation to the Emperor's court in Aachen, where he was given the task of educating Charles the Bald, a son of Emperor Ludwig the Pious. He was only given the opportunity to return to his »blessed island« in 842, as abbot of the monastery. However, he did not hold this office for very long. On a journey to his former »protégé« Charles the Bald, Walahfrid drowned while crossing the Loire in 849 at the age of forty.

Walahfrid, who was called Strabo, »the cross-eyed one«, after an eye defect, left us a wealth of evidence of his poetic talent. He said of himself that he had a spark in him which had to be set alight. His poem, the much cited »Sister Muse« was what set his spark alight.

The prerequisite in the monastery for intellectual work was knowledge of Latin. All monks learned how to read, understand and write up Latin in the monastery school. However, only those who were particularly talented, such as Walahfrid, could write poems or scientific tracts in this language.

He completed his first great work, »Visio Wettini«, at the age of 18. Walahfrid's teacher, Wetti, had two visions of the after life in the night before his death. In the visions, he was told to make known what he had seen in the visions, and so he called several brothers to him and told them this. One of them, the former Abbot Heito, wrote this down in prose, and a year later, Walahfrid put it into more than 900 Latin verses. In the poem, he tells how Wetti was first assailed by a horde of demons, from which he could not escape. They threatened him with instru-

reliure des manuscrits pour en former un recueil précieux. C'est au travail d'un personnage important dans la bibliothèque de Reichenau: Reginbert, que nous devons les informations que nous possédons sur l'étendue des trésors que la bibliothèque contenait à l'époque carolingienne. Durant sa période d'activité en tant que copiste et bibliothécaire, ce qui dura des décennies, Reginbert constitua un catalogue de tous les manuscrits existant à son époque, ce qui représente plus de 4000 volumes.

Ce n'est cependant que deux siècles plus tard, que le scriptorium de l'île au monastère connut son apogée, soit au tournant du millénaire. A cette époque-là les moines de Reichenau comptaient parmi eux des peintre extrêmement doués, dont les œuvres prennent rang parmi les plus significatives de l'art de la fabrication des livres en Occident. Nous leur devons des manuscrits magnifiques, ornés de miniatures recouvrant toute une page et d'initiales vraiment luxueuses. Dans l'intervalle le scriptorium ne produisait plus seulement les manuscrits correspondant à ses propres besoins, mais il recevait de nobles commandes. C'est ainsi que de luxueux manuscrits pour l'empereur Otto III puis pour son successeur Henri II virent le jour. Les matériaux les plus précieux – or, argent, pourpre – furent utilisés pour les pages d'ornement, ainsi que l'or et l'ivoire pour la reliure.

Comme ces magnifiques manuscrits, réalisés sur l'île de Reichenau pour répondre à des commandes, n'y restaient pas, ils sont disséminés aujourd'hui dans le monde entier. C'est d'ailleurs une chance, car à Reichenau, ils auraient connu un sort moins favorable. A l'époque de la décadence, les livres ne furent pas traités avec soin, beaucoup furent perdus, d'autres furent prêtés et jamais rendus. Aux pires époques ils furent même mis au mont-de-piété. Les exemplaires restant, soit environ 300 recueils précieux, de l'ancienne bibliothèque jadis si importante, furent transportés à la bibliothèque régionale de Karlsruhe lors de la sécularisation. C'est là qu'on les trouve aujourd'hui, à la disposition de la science. Et c'est ainsi que dans le trésor de la basilique de Reichenau on ne trou-

solo dopo lunghi anni dall'assenza. A un soggiorno di studio presso Hrabanus Maurus a Fulda seguì la chiamata alla corte imperiale ad Aachen, dove ebbe l'incarico di educare Carlo il calvo, figlio dell'imperatore Ludovico il pio. Solo nell'842 gli fu concesso di ritornare alla sua isola beata – questa volta come abate del monastero. Però non per molto tempo potè tenere questo ufficio. Durante il viaggio dal suo ex »protetto«, Carlo il calvo, Walahfrid annegò nell'anno 849 – ancora quarantenne – durante la traversata della Loire.

Walahfrid, detto per un suo difetto all'occhio *strabo* (strabico), lasciò una quantità di testimonianze del suo talento poetico. Come lui stesso diceva di sé, aveva una scintilla in lui da accendere. La poesia, la sua spesso citata *sorella musa,* era lo strumento che la faceva accendere.

Nel monastero, presupposto per ogni creazione intellettuale, era la conoscenza della lingua latina, che ogni monaco nella scuola del convento imparava a leggere, capire e copiare. Però solo quelli aventi particolare talento, tra i quali è da annoverare Walahfrid, erano in grado anche di far poesia o di scrivere trattati in questa lingua.

Completò la sua prima opera, la *Visio Wettini,* a 18 anni. Il monaco Wetti, il maestro di Walahfrid, ebbe nella notte prima della sua morte due visioni dell'al di là. Poiché questi durante la visione ebbe l'incarico d'annunciarne il contenuto, Wetti chiamò al suo letto più fratelli, ai quali ne fece protocollo. Uno dei fratelli, l'allora abate Heito, ne scrisse il rapporto, purtroppo non più conservato, in prosa che Walahfrid tradusse, un anno dopo, in più di 900 versi latini. Qui racconta dapprima come il Wetti venne assalito da una schiera di demoni minacciosi, a cui non poteva sfuggire, con strumenti di tortura tali da incutergli un gran terrore. Poi venne guidato da una angelo attraverso l'al di là per un fiume di fuoco dove schiere di peccatori dovevano sopportare terribili pene. Vide anche monaci tra i peccatori; persino Waldo, il grande abate del monastero dell'isola, non fu risparmiato da questa pena. Anche Carlo Magno doveva sopportare tormenti ancora più terribili per

ments of torture and made him extremely afraid. Then he was led through the next world by an angel, past a river of fire, where hordes of sinners were being punished attrociously. He also saw monks among the penitent, including Waldo, the great abbot of the Reichenau monastery. Even Charlemagne had to undergo torture for the »shameful lasciviousness«, in which he indulged during his life before he reached eternal life as a reward for his good deeds – as Wetti's English companion assured him. Monks often had visions of the afterlife such as Wetti's in the Middle Ages. They allow us to understand something of the monks' inner lives, their fears and moral concepts.

Walahfrid, with his untiring genius, wrote a number of other works, ranging from the lives of saints, and theological works to political court poetry, with a bias to the Emperor. In »Hortulus«, he devotes himself to a completely different subject, namely horticulture. The poem, which contains 444 verses, describes 24 plants which grew in the garden in front of the abbot's house. He said he not only drew his knowledge from books, but also from manual work, which he preferred to leisure.

He therefore describes the toil of horticulture from his own experience. All enthusiasm, according to Walahfrid, will be rewarded. No land will refuse to yield its fruits, he warns the gardner, as long as he obeys the following directions: »If thy attention does not tire and laziness take over, / . . . / . . . and do not be afraid that the weather and wind/May turn thy callused hands brown and never forget/To spread the dung from full baskets onto the dry ground« (free translation from Mediaeval German). Anyone visiting the present day island cannot fail to be reminded of these words.

Hermann, the Marvel of the Century

Two hundred years after Walahfrid, the Reichenau produced its last »great son«, Hermann the Lame. His biographer

ve plus qu'un seul évangéliaire datant de l'âge d'or du monastère de l'île.

Walahfrid, le moine-poète

Il serait bien difficile de trouver un plus beau chant d'amour pour cette île que le poème du moine-poète de Reichenau: Walahfrid Strabo. Dans ses vers, il donne libre cours à la nostalgie qu'il éprouve pour son pays natal, il dit sa souffrance de se trouver loin de son île natale, sur laquelle il a passé plus de dix ans de son enfance et de sa jeunesse. Cependant son vœu de revoir l'île de Reichenau ne devait être réalisé qu'après de longues années d'absence. Après un séjour d'étude auprès de Hrabanus Maurus à Fulda, il fut appelé à la cour impériale à Aix La Chapelle, où il reçut la mission d'éduquer Charles Le Chauve, fils de l'empereur Louis Le Pieux. Ce n'est qu'en 842 qu'il lui fut donné de revenir sur son »île bien aimée« – et cette fois en tant qu'abbé du monastère. Mais il ne devait pas exercer longtemps cette fonction. Lors d'un voyage pour se rendre chez son ancien »protégé«: Charles Le Chauve, Walahfrid se noya, en l'an 849 – à l'âge de seulement quarante ans – en traversant la Loire.

Walahfrid, qui devait son surnom de »Strabo«, le strabique, à son défaut occulaire, nous laissa une profusion de témoignages nous prouvant son talent poétique. Il disait de lui-même qu'il possédait une étincelle qu'il avait le devoir de provoquer. La poésie, sa »Schwester Muse« (sa sœur la muse) souvent citée, était l'instrument qui lui servait à provoquer l'étincelle.

La condition primordiale à tout travail intellectuel au monastère était la connaissance de la langue latine. Lire, comprendre et recopier le latin, voilà ce que tout moine apprenait à l'école du monastère. Cependant, seules quelques personnes qui possédaient ce don, et au nombre desquelles comptait Walahfrid, étaient également capables de composer dans cette langue ou de rédiger des traités scientifiques.

la sua vergognosa voluttà a cui da vivo era schiavo, prima di ricevere il compenso della vita eterna per le sue buone azioni, a quanto fu assicurato al Wetti dal suo accompagnatore. Tali visioni dell'al di là, come quella vissuta dal Wetti, nei monaci del medio evo non erano una rarità. Queste ci danno un'impressione della vita interiore dei monaci con le loro paure e immaginazioni.

Walahfrid ha prodotto, ancora col suo instacabile genio, una molteplicità di opere che vanno da vite di santi e opere teologiche fino a colorata poesia di corte politica e fedele all'imperatore. Nell'*Hortulus* si dedica ad un altro tema completamente diverso, al giardinaggio. Nella vasta poesia di 444 versi descrive 24 piante, che crescono nel giardino davanti alla canonica del monastero. Non da libri ha acquisito il suo sapere, così almeno scrive, ma piuttosto dal lavoro svolto nel tempo libero.

Lui descrive la fatica del lavoro di giardinaggio, sapere che ha acquisito direttamente dalla propria esperienza. Ogni zelo – così Walahfrid – venga premiato: nessun campo si rifiuti di produrre i propri frutti – ammonisce il giardiniere – presupposto vengano seguite le istruzioni: *la tua cura non si stanchi in inerzia paralizzante, . . . le mani callose solo non abbino paura di brunirsi in ogni tempo e non trascurino di spargere cesti pieni di letame sulla terra secca.*

Chi si trova oggi a passeggiare sull'isola non può non ricordarsi di queste parole.

Berthold writes: »From his earliest youth he suffered from paralysis of all his limbs ... His limbs were so dreadfully stiff that once he had been set down, he could not move from one place to another without help. He was not even able to turn over from one side to the other. When his servants placed him in a sedan chair, he could hardly do anything in his bent position.«
Although his body was stiff, his mind was all the more agile. His person combined highest intelligence with mental activity and vigour.
The »school subjects« in the Middle Ages, the »seven free skills« were divided into a linguistic discipline, consisting of grammar, rhetoric and dialectics, and a scientific discipline, which included geometry, astronomy and music. The latter subjects dealt with numbers and above all the relation of numbers, and this interested Hermann in particular. He devoted himself to the calendar as a basis for historiography and drew up a world chronicle, starting with Christ's birth, which was significant for his time. Relations of numbers fascinated him to such an extent that he even occupied himself intensively with the rules of a number game, »Rhythmomachie«. Number relations were the basis of the teaching of music and harmony. Hermann also did significant work in this area: He wrote a school book about music, the »Tonarius«, and invented a new musical notation. However, his achievements were in no way limited to theory. Always with higher aims in mind, he contributed to the improvement of hymns and liturgical celebrations with his compositions. He also proved his technical talents: Hermann not only made musical instruments, he also knew how to produce an »astrolabium«. This astronomical instrument, which was used to measure fixed stars, was necessary for the calculation of hours, days and nights. It was therefore important for calculating the church year. During his work with the astrolab, Hermann also discovered astronomical rules for the movement of the sun and the moon as well as lunar eclipses. The numerous manuscripts which Hermann left behind confirm

Il acheva son premier grand ouvrage: la »Visio Wettini« (la vision de Wetti) à l'âge de dix-huit ans. Le moine Wetti, maître de Walahfrid, eut deux visions de l'au-delà la nuit avant sa mort. Comme on lui demandait de communiquer le contenu de ses visions, au moment même où cela était en train de se passer, il fit appeler plusieurs frères auprès de lui, à qui il dicta ce qu'il voyait. L'un d'eux, l'abbé d'alors: Heito, écrivit un récit en prose, pour rapporter ce qu'il avait entendu, et, un an plus tard, Walahfrid recomposa ce récit en plus de neuf-cents vers latins. Il y décrit comment Wetti fut tout d'abord attaqué par une troupe de démons auxquels il ne pouvait pas échapper. Ils l'auraient menacé avec des instruments de torture et lui auraient infligé une immense peur-panique. Puis un ange l'aurait conduit dans l'au-delà, en passant devant un fleuve de feu, où d'innombrables pêcheurs subissaient de cruelles punitions. Il vit même des moines parmi les pénitents, et même le grand abbé du monastère de l'île: Waldo n'avait pas échappé à la punition. Charlemagne lui-même devait encore subir de terribles tourments, avant de parvenir à la vie éternelle en récompense de ses bonnes actions, comme nous en assure l'accompagnateur anglais de Wetti, et cela, en raison de son »penchant pour la volupté«, auquel il s'abandonnait de son vivant. Ces visions de l'au-delà, telles qu'en eut Wetti, n'étaient pas rares chez les moines du moyen-âge. Elles nous donnent un aperçu de la vie spirituelle des moines et nous renseignent sur leurs craintes et leurs jugements de valeur.
Grâce à son génie infatigable Walahfrid produisit encore une multitude d'œuvres diverses. Elles concernent aussi bien la vie des saints que les questions théologiques et peuvent prendre la forme de poésie de cour orientée politiquement et teintée de fidélité envers l'empereur. Il s'est également consacré à un thème complètement différent: le jardinage, et ceci dans son œuvre: »Hortulus«. Dans ce poème de 444 vers, il décrit 24 plantes qui poussent dans le jardin situé devant l'appartement de l'abbé. Et ce n'est pas des livres qu'il tirait son savoir – nous assure-t-il – mais

Hermann, il miracolo del secolo

Due secoli dopo Walahfrid, Reichenau ebbe il suo ultimo figlio: Hermann il paralitico. Il suo biografo Berthold scrive:
Egli soffriva di una paralisi in tutti gli arti sin dalla prima adolescenza. I suoi arti erano a tal punto irrigiditi che da una posizione in cui lo si era posto non poteva porsi in un'altra senza aiuto. Egli non era capace neanche di girarsi da un lato ad un altro. Quando veniva posto dal suo servitore in una sedia portabile, egli non poteva curvarsi per nessuna attività.
Tanto era immobile nel suo corpo, tanto era sveglio nel suo intelletto. Una grandissima intelligenza si riuniva nella sua persona con azione ed energia. Le *sette libere arti,* materie di scuola del medio evo, si raggruppavano in un ramo linguistico, composto da grammatica, retorica e dialettica e in uno delle scienze naturali, a cui appartenevano aritmetica, geometria, astronomia e musica. Queste ultime citate discipline si occupavano soprattutto di numeri e di relazioni numeriche e queste in particolare interessavano, evidendentemente, Her-

this biography. He possessed endless creativity, combined with intelligence and acumen, despite or perhaps because of his handicap. Even Hermann's contemporaries thought of him as the »marvel of the century«.

Relics

The reputation of a monastery depended not only on its wealth and the achievements of its monks and abbots, but also on the relics it possessed. In the Middle Ages, people believed that the bones and remains of saints and martyrs emitted healing powers. The saints and martyrs could also protect and help in the after life via their relics, which served as intermediaries between God and man. Relics were kept in altars and were often the reason for extensive alterations to existing parts of churches, and even for building new chapels or churches.
The Reichenau, however, possessed neither the relics of its founder nor those of other »native« saints, which could have been used to attract pilgrims. Most of the Reichenau's relics, therefore, came from further away. The bones of Januarius and those of the Evangelist St. Mark, for example, came from Italy.
The relic of St. Mark was given to the abbot by Ratold, who succeeded Egino as Bishop of Verona. Ratold presented it to the monastery in 830 in return for an area of Reichenau. There he founded »Ratoltescella«, today Radolfzell, where he retired. Ratold himself had obtained the relic from a Venetian, who made him promise never to reveal the true name of the saint. Ratold proved the authenticity of St. Mark's relic by means of the so called »cauldron trick«. The Venetian seller had to hold up his right hand on oath, while he placed his left hand in a cauldron of boiling water. If the relics were authentic, no trace of scalding should remain. Obviously the seller and the relic stood the test. St. Mark therefore came to the island »incognito«, where he was honoured as St. Valens. However, the saint was soon to reveal his identity himself. He appeared to Bishop Gebhard of Constance in a dream, revealed his true name and com-

au contraire, du travail qu'il accomplissait, le préférant à ses moments de liberté.
Ainsi, c'est sur la base de son expérience personnelle qu'il décrit les peines du jardinage. Tout zèle – selon Walahfrid – est récompensé. Aucune terre ne se refuse à porter des fruits – déclare-t-il au jardinier – à condition que celui-ci observe le commandement:
»Que tes soins ne faiblissent pas pour se transformer en paresse paralysante, / ... / ... et que tu ne craignes pas de laisser brunir tes mains calleuses / aux intempéries et au vent et, que tu ne manques jamais / d'étaler du fumier à pleins paniers sur la terre sèche.«
Qui ne se remémore ces parole, en se promenant aujourd'hui sur l'île?

Hermann, l'enfant-prodige du siècle

Deux siècles après Walahfrid, l'île de Reichenau devait donner naissance à son dernier »fils prestigieux«: Hermann le Paralytique. Son biographe, Berthold, écrit: »Il souffrait depuis sa jeunesse d'une paralysie de tous les membres... Tous ses membres étaient raidis d'une manière si cruelle, qu'il ne pouvait plus s'éloigner sans aide de l'endroit où on l'avait installé. Il ne pouvait pas non plus se tourner ni d'un côté ni de l'autre. Quand son serviteur l'asseyait dans un fauteuil portable, c'est à peine s'il pouvait se livrer à une activité quelconque, tant il était recroquevillé.« Mais autant son corps était immobilisé, autant son esprit était mobile et alerte. La plus haute intelligence s'alliait en sa personne à l'activité et à l'energie.
Les »matières enseignées à l'école« au moyen-âge, les »sept arts libres« se divisaient en une branche linguistique qui regroupait la grammaire, la rhétorique et la dialectique et en une branche scientifique qui regroupait l'arithmétique, la géométrie, l'astronomie et la musique. Ces deux derniers domaines avaient surtout à voir avec les nombres et les proportions numériques, et, c'est là manifestement ce qui intéréssait Hermann au tout premier plan. Il se consacra au

mann. Egli si dedicò al calcolo del tempo, come base della scrittura della storia, e redigette – cominciando dalla nascita di Cristo – una significativa cronaca mondiale per quel tempo. Le relazioni numeriche, lo affascinavano a tal punto che si occupò intensivamente delle regole di un gioco numerico, la *Ritmomachia.* Le relazioni numeriche erano anche la base della musica e dell'insegnamento dell'armonia. Anche in questa disciplina Hermann produsse opere significative. Egli scrisse un libro di scuola sulla musica, il *Tonarius,* e scoprì una nuova scrittura per le note. Le sue prestazioni non si limitarono però alla sola teoria. Non dimenticando mai i suoi scopi altissimi, collaborò con le sue composizioni alla bellezza della musica sacra e delle celebrazioni liturgiche. Mise a prova anche il suo talento per la tecnica: Hermann costruì non solo strumenti musicali, ma sapeva anche come costruire un *Astrolabio.* Questo apparecchio astronomico, per la determinazione della posizione della stella fissa, era necessario per la calcolazione delle ore, dei giorni e delle notti – un'importante base per il calcolo dell'anno liturgico. Durante la sua occupazione coll'astrolabio, Hermann scoprì anche alcune leggi sul movimento del sole e della luna, come anche delle eclissi lunari.
La numerosità di documenti, che Hermann ci ha tramandato conferma le qualità, che il suo biografo ci narra: nonostante o forse proprio per il suo handicap, ebbe una capacità di produrre libera, che si accoppiava ad intelligenza ed ad acume. Già i contemporanei di Hermann, lo condiravano come il »miracolo del secolo«.

plained about the improper keeping of his bones on the Reichenau, which had already started to decay. When the Bishop did not fulfill the task of arranging for a worthy accommodation immediately, St. Mark appeared in two further visions, which ended in severe threats. The Bishop then reported his experience and revealed the true name of the saint. This was certainly not the only sign of his power. Several miracles are reported. St. Mark had a punishment for sceptics who doubted the authenticity of the relic. A girl, who had picked flowers in a field on St. Mark's day instead of going to mass, fell ill. She only recovered when she had promised to honour St. Mark's day in the future.

Other relics reached the monastery from the Orient, for example the »pitcher from the marriage of Kana«. How this precious vessel was brought from the Holy land via Spain to the Reichenau, where the retired Jerusalem monk Symeon recognized it as his own former possession, is told in one of three thrilling and adventurous translated reports, the so-called »Orient tales«.

The climax of the acquisition of relics by the Reichenau, was without doubt the arrival of a »Relic of Christ«. This was a small crucifix, which, according to tradition, contained blood-soaked earth from Golgotha as well as a splinter from the stem of the crucifix. A few years later, a Reichenau monk wrote down the many-faceted story of the Holy Blood Relic. It begins in the days of Charlemagne, who received the precious gift from Azan, the prefect of Jerusalem, and ends about 120 years later, when the owner at the time, Swanahild, gave it to the Reichenau monastery.

Decline

Abbot Berno and Hermann the Lame were the last great scholars produced by the monastery. As soon as the 11th century, the abbey's star was on the decline. This could be seen in all areas of monastic life, in science, in art, and in the economy. The days when the abbey had functioned as a centre of politics, through its intimate relations with the

calcul du temps en tant que fondement de l'historiographie du moment et rédigea – en commençant par la naissance du Christ – une chronique mondiale remarquable pour l'époque. Les proportions numériques le fascinaient à tel point qu'il étudia intensivement les règles d'un jeu de compétition reposant sur les nombres, la »Rhythmomachie«. Les proportions numériques étaient également la base de la musique. Dans ce domaine également Hermann réalisa des choses remarquables. Il rédigea un livre d'école sur la musique, le »Tonarius« et inventa un nouveau type de notation musicale. Il faut dire qu'il était loin de limiter ses exploits à la théorie. Étant sans cesse conscient des buts élevés qu'il poursuivait, il contribua grâce à ses compositions à l'embellissement du chant liturgique et des fêtes religieuses. Il fit également preuve de don technique. Non seulement Hermann construisait des instruments de musique, mais il savait également fabriquer un »Astrolabium«. Cet appareil astronomique, servant à la mesure des étoiles fixes, était nécessaire au calcul des heures, des jours et des nuits – une base indispensable au calcul de l'année liturgique. Au cours de ses activités avec l'astrolabe, Hermann découvrit également des règles astronomiques sur les mouvements du soleil et de la lune ainsi que sur les éclipses de lune.

La multitude d'écrits laissés par Hermann confirme les qualités que nous transmet son biographe à son propos: en dépit de, ou peut-être grâce à son handicap, une capacité de travail illimitée, liée à l'intelligence et à la clairvoyance. Déjà les contemporains d'Hermann avaient l'impression qu'il était l'enfant-prodige du siècle.

Reliques

La réputation d'un monastère ne dépendait pas seulement de sa richesse et des réalisations de ses moines et abbés, mais aussi du trésor représenté par ses reliques. Pour l'homme du moyen-âge il émanait des os et des restes des saints et martyrs des forces miraculeuses. Grâce aux reliques qui servaient d'inter mé-

Le Reliquie

La considerazione di un monastero non dipende soltanto dalla sua ricchezza e prestazioni dei suoi monaci e degli abati, ma anche dai tesori delle reliquie. Per l'uomo del medio evo, dalle ossa e dalle spoglie dei Santi scaturivano forze benefiche. Attraverso le reliquie come mezzo tra Dio e l'uomo, i santi e i martiri potevano proteggere anche dopo la loro morte ed essere d'aiuto, intervenendo in questa vita. Le reliquie venivano conservate negli altari e furono motivo di ristrutturazione delle chiese d'allora, qualche volta addirittura motivo per la nuova costruzione di cappelle o chiese. Reichenau non possedeva però né le ossa del fondatore del monastero né di altri »propri« Santi, per poter istituire un culto di pellegrinaggio. La maggior parte delle reliquie di Reichenau venivano proprio per questo da lontano, come le ossa di San Gennaro e dell'evangelista Marco che per esempio provenivano dall' Italia.

La reliquia di San Marco, l'abazia la ricevette da Ratold, il successore di Egino, già da noi conosciuto, vescovo di Verona. Ratold la regalò al monastero nell'anno 830 – forse come controprestazione per il territorio che gli fu assegnato da Reichenau, dove lui fondò la sua Ratoltescella, l'odierna Radolfzell, e dove anche, più tardi, si ritirò. Ratold aveva comprato a sua volta le ossa da un veneziano con la promessa però di non rendere mai pubblico il nome del Santo. L'autenticità della reliquia di San Marco fu esaminata tra l'altro con una prova di fuoco o meglio d'acqua bollente. Il venditore veneziano doveva tenere la mano destra alzata per giurare e quella sinistra in un calderone pieno d'acqua bollente, se non c'erano tracce d'ustione trattavasi di reliquie autentiche. Sembra a quanto pare che venditore e reliquia abbiano superato l'esame.

heads of the empire, were over. The intellectual leadership was gradually passed on to other monasteries. Mismanagement and the personal incapabilities of a series of abbots were the cause of the increasing impoverishment of the former »rich island«. Its extensive estate shrank to a fraction of its former size. Whereas the monastery consisted of more than 100 monks during its heyday, it only had two brothers at the beginning of the 15th century, who were not even ordained priests. Apart from the fact that the choice of possible novices was limited to the high nobility, those committed to religion preferred monasteries with an intact monastic life. Abbot Friedrich von Wartenberg made a last attempt at reform in the 15th century. He abolished the restrictions on admission and reestablished the ordered monastic life. But even these measures could not stop the decline. The long-standing animosity between the Bishops of Habsburg and Constance over the integration of the abbey into its prevailing areas of power was decided in favour of the Constance diocese. In 1540, Abbot Markus von Knöringen consented with the Bishop of Constance to renounce the abbey against a yearly compensation. The Bishop of Constance now ruled over the Reichenau, where he made the monastery his priority. In the 16th and 17th centuries, the Reichenau monks tried once again to restore their independence, but this resulted in their expulsion by force in 1757. The abbey was secularized in 1803 together with the dissolving of the Constance high diocese. The abbey now belonged to the state and what was left of the library, which was once so significant, was brought to Karlsruhe. The once prosperous abbey came to its inglorious end with the demolition of several churches and chapels in the first half of the 19th century, some of which dated from the 10th and 11th centuries.

diaire entre Dieu et les hommes, les saints et les martyrs intervenaient encore après leur mort dans la vie ici-bas, en protégeant et en aidant. On conservait les reliques dans les autels, et c'était souvent là l'occasion d'importants travaux de transformation pour des églises existant déjà, et quelquefois même l'occasion de la construction de nouvelles chapelles et églises.
Cependant l'île de Reichenau ne possédait ni les os du fondateur de son monastère ni ceux d'autres saints originaires de cette région, qui auraient pu donner naissance à l'organisation d'un pélerinage. Ainsi la plupart des reliques de Reichenau venaient de loin; par exemple les os de Januarius et ceux de l'évangéliste St Marc étaient originaires d'Italie.
C'est L'abbaye de Ratold, successeur d'Egino – que nous connaissons déjà – à l'évêché de Vérone, qui reçut les reliques des St Marc. Ratold les offrit au monastère de Reichenau en l'an 830, peut-être en contrepartie du fait que le monastère lui avait attribué un territoire sur lequel il avait pu fonder sa »Ratoltscella« (cellule de Ratold) et trouver le repos. Ratold lui-même avait acheté les os à un homme originaire de Venise, mais ne les avait obtenus qu'en échange de sa promesse de ne jamais révéler le nom du saint à qui elles appartenaient. Quant à l'authenticité des reliques de St Marc, Ratold l'avait vérifiée, entre autres choses au moyen du »Kesselfang« soit de l'épreuve de la marmite. Pour cela le marchand vénitien devait lever la main droite pour jurer et plonger la gauche dans une marmite d'eau bouillante, qui, à condition que les reliques soient authentiques, ne devait provoquer aucune marque de brûlure. Manifestement vendeur et reliques étaient sortis victorieux de l'épreuve.
C'est ainsi que St Marc arriva »incognito« sur l'île où il fut d'abord honoré sous le nom de St Valens. Cependant le saint devait bientôt révéler lui-même son identité. Il apparut à l'évêque de Constance, Gebhard, en rêve, lui révéla son vrai nom et se plaignit de la manière peu adéquate dont on conservait ses reliques sur l'île de Reichenau, où il expliqua qu'elles avaient commencé à pourrir. Comme l'évêque ne remplissait pas im-

Così San Marco arrivò nell'isola dapprima come incognito e fu onorato come San Valente. Ma il Santo rivelò da sé presto la propria identità: apparì nel sogno al vescovo di Costanza Gebhard e gli rivelò il suo vero nome e si lamentò dell'inadeguata conservazione delle sue ossa nell'isola, dove incominciavano già a putrefarsi. Poiché il vescovo non eseguì subito l'incarico di indurre l'abate di Reichenau ad una più dignitosa collocazione, San Marco gli apparse in altre due visioni, che finivano con pesanti minaccie. Solo dopo questi fatti il vescovo raccontò quanto vissuto e rivelò il vero nome del Santo.
A dire il vero, questo non fu l'unico segno della sua forza. Successivamente viene raccontato di diversi guarigioni miracolose. Per gli scettici che dubitavano dell'autenticità della reliquia, San Marco preparò un miracolo punitivo. Così una domestica, che nel giorno di San Marco era andata a diserbare l'erbaccia nei campi, invece di partecipare alla messa, s'ammalò. Questa guarì solo quando promise di onorare in futuro il giorno di San Marco.
Altre reliquie arrivarono dall'oriente al monastero dell'isola, così per esempio la brocca delle nozze di Cana. La strada di questo prezioso recipiente dalla Terra Santa attraverso la Spagna fino a Reichenau, dove l'allora monaco di Gerusalemme Symeon riconobbe come sua precedente proprietà, ci viene raccontata in uno dei tre rapporti avvincenti ed av-

The Heritage

The »golden era«, however, provides the link to our times. The important role played by the island in the past is still present in the consciousness of the population today. The islanders celebrate their three »island holidays« with pride and self-esteem: St. Mark's feast on the 25th April, Assumption on the 15th August and the highest religious holiday, the »Holy blood festival« on the Monday after Trinity Sunday. Nobody works in the fields and the schools and businesses remain closed. The same relics, which played a central role on the island a thousand years ago, are carried through the decorated streets in a ceremonial procession.
The reason why this tradition has stayed alive lies not only in practised Christianity, but also in the settledness of the people of the Reichenau and their closeness to the island. »Stabilitas loci«, settledness, as well as »ora et labora«, prayer and work, were important Benedictine laws. One could almost say that the islanders have kept a fragment of these principles alive today.

médiatement sa mission de confier à l'abbé de Reichenau la tâche de donner une sépulture plus digne de sa personne aux reliques de St Marc, celui-ci lui apparut encore au cours de deux autres visions. Elles se terminaient par toute une série de menaces. Ce n'est qu'à ce moment-là, que l'évêque fit connaître ce qui lui était arrivé et rendit public le nom du saint.
Naturellement, tel ne fut pas le seul signe de son pouvoir. Dans la suite du texte nous allons parler de plusieurs guérisons miraculeuses. Pour les sceptiques qui doutaient de l'authenticité des reliques, St Marc avait en réserve un miracle assorti d'une punition. C'est ainsi qu'une servante qui avait arraché de la mauvaise herbe dans un champ, le jour de la St Marc, au lieu d'assister à la messe, tomba malade. Elle ne guérit que quand elle eut promis de respecter à l'avenir le jour de la St Marc.
D'autres reliques venues d'Orient furent apportées au monastère de Reichenau, ainsi par exemple »la cruche des noces de Cana«. Le chemin parcouru par ce précieux récipient pour arriver, en passant par l'Espagne, de Terre Sainte à l'île de Reichenau, où Siméon, autrefois moine à Jérusalem, le reconnut comme étant sa propriété, nous est rapporté au moyen de trois récits sur ces transferts, pleins d'aventures et connus sous le nom d'»Orientgeschichten«, soit histoires d'Orient.
Le point culminant de l'acquisition de reliques dans l'histoire de Reichenau est sans aucun doute l'arrivée d'une »relique du Crist«, une petite croix dans l'intérieur de laquelle – pour être fidèle à la tradition – se trouve un peu de terre de Golgotha imbibée du Précieux Sang ainsi qu'un fragment du pied de la vraie croix. Quelques années plus tard un moine de Reichenau écrivit l'histoire mouvementée de la relique du Précieux Sang. Elle commence à l'époque de Charlemagne, qui reçut ce précieux cadeau d'un certain Azan, alors préfet de Jérusalem, et se termine environ 120 ans plus tard, par le fait que la propriétaire de l'époque, Swanahild, en fit cadeau au monastère de Reichenau.

venturosi, cosidetti *storie d'Oriente*. Il culmine dell'acquisto delle reliquie di Reichenau è costituito senza dubbio dall'arrivo di una »reliquia di Cristo«: una piccola croce nel cui interno – secondo la tradizione – si trovano terra bagnata di sangue del Golgota come anche una scheggia dell'albero della croce. Alcuni anni dopo scrisse un monaco di Reichenau la storia piena di vicende del sacro sangue: questa comincia nel periodo di Carlo Magno, che ebbe il prezioso regalo da Azan, prefetto di Gerusalemme, e finisce circa 120 anni dopo, quando l'allora proprietaria Swanahild, la regalò al monastero dell'isola.

La decadenza

L'abate Berno ed Hermann il paralitico furono gli ultimi eruditi del monastero. Già nel secolo XI si ebassarono le tenebre sul monastero. In tutte le discipline della scienza, economia, arte e vita monastica vi intravediamo decadenza e rovina. I tempi in cui l'abazia fungeva come centro della politica con le sue strette relazioni con i potenti dell'impero erano passati. La guida intellettuale passò lentamente ad altri monasteri. Cattiva amministrazione legata ad incapacità personale di molti abati impoverì sempre di più l'allora *ricca riviera.* Il suo vasto territorio si ridusse a una piccola frazione. Nel periodo di splendore il monastero aveva più di 100 monaci; mentre nel XV secolo c'erano solo due fratelli neanche ordinati prete. Senza considerare che il circolo dei possibili novizi era limitato alla alta nobiltà, i religiosi preferivano monasteri dalla vita monastica intatta. Un ultimo tentativo di riforma fu intrapreso nel XV secolo dall'abate Friedrich von Wartenberg. Questi annullò la limitazione d'accesso e riportò l'ordine. Però anche queste misure non riuscirono in fondo a frenare la rovina. Nella lunga lite tra gli Asburgi e i vescovi di Costanza per l'annessione

The Community of the Reichenau and its Economic Life

The structure of the Reichenau community is very complicated. The island itself only makes up a third of the district. The other two thirds are made up of five exclaves on the mainland, partly near the Gnadensee, and partly on the Bodanrück ridge. The woodlands in these parts are nearly as extensive as the whole island. The third part consists of the residential areas of Waldsiedlung and Lindenbühl, the grounds of the psychiatric hospital and part of the nature reserve Wollmatinger Ried. This is a natural monument of European importance with its extensive area of reeds and marshes and its wealth of waterfowl. It is looked after by the Naturschutzbund Deutschland e.V. (German nature conservation society). The society has founded a new nature conservation centre in the former Reichenau railway station, which shows films and an exhibition of the Wollmatinger Ried and organizes tours. The 1.3 km long causeway with its characteristic row of poplars, which was thrown up in the early 19th century, leads through the nature reserve. At the end of the causeway is the Oberzell church. Approximately 5 km separate this from Niederzell on the west point of the island. At its widest point, the island is 1.5 km wide. The Reichenau community has developed in the shadow of the powerful abbey, or to be more exact, in that of the political battle against it. Shortly after 1400, there was already a »local magistrate, council and municipality« on the Reichenau, and a century later a »mayor«, who would gradually replace the local magistrate of the monastery. The local administration has been accommodated in the south wing of the former monastery quarters since 1976, while the old town hall on the Ergat now houses the museum of local history. The islanders are proud of their community, which has defended itself successfully against being incorporated into the municipality of Constance.

Déclin

L'abbé Berno et Hermann le Paralytique devaient rester les derniers grands savants du monastère. C'est avant la fin du onzième siècle que le destin de l'abbaye commença à tourner. On peut observer son déclin et sa ruine dans tous les domaines: science, art, économie et vie monastique. L'époque où l'abbaye avait joué un rôle central en politique, grâce aux relations étroites qu'elle entretenait avec les grands de l'empire était passée. Le rôle de guide spirituel fut repris petit à petit par d'autres monastères. La mauvaise administration et l'incompétence personnelle de toute une série d'abbés firent que l'ancienne »Ile Riche« s'appauvrit de plus en plus. Ses possessions foncières autrefois si étendues se réduisirent à une fraction de ses dimensions passées. Et si l'assemblée conventuelle comptait plus de 1000 moines à l'époque brillante du monastère, elle ne comptait plus que deux frères qui n'étaient même pas ordonnés prêtres au début du quinzième siècle. Outre que le recrutement des novices potentiels était limité au cercle de la haute noblesse, les personnalités engagées sur le plan religieux préféraient les cloîtres où la vie monastique était encore intacte. Finalement c'est l'abbé Friedrich von Wartenberg qui entreprit un dernier essai de réforme au quinzième siècle. Il supprima les restrictions d'admission dans l'ordre et rétablit le bon ordre de la vie monastique. Mais même ces mesures ne purent finalement pas empêcher la ruine. C'est l'évêché de Constance qui trancha à son avantage la longue querelle entre les Habsbourg et les évêques de Constance pour inclure l'abbaye dans leur zone de domination respective. En l'an 1540 l'abbé Markus von Knöringen accepta le marché de l'évêque de Constance: il recevrait un dédommagement annuel s'il acceptait de renoncer à l'abbaye. Désormais l'évêque de Constance était le maître de Reichenau et le monastère était devenu un prieuré.

dell'abazia al loro dominio, l'episcopato di Costanza ebbe la meglio. Nell'anno 1540 l'abate Markus von Knörigen accettò nelle trattative col vescovo di Costanza di rinunciare all'abazia per un compenso annuale. Ora il vescovo di Costanza diventò il Signore di Reichenau e il monastero priorato.
Nel secolo XVI e XVII i monaci di Reichenau cercarono di nuovo di ristabilire la loro indipendenza, ma questi scontri finirono nel 1757 con il loro violento allontanamento. Nel 1803 con lo scioglimento del capitolo di Costanza l'abazia fu secolarizzata. Il duomo apparteneva ora allo Stato e gli ultimi esemplari dell'allora così importante Biblioteca furono portati a Karlsruhe. La fine non lodevole della splendida abazia, nella prima metà del XIX secolo, fu la demolizione di diverse chiese e cappelle in parte del X e dell'XI secolo.

The development of the population has undergone two definite periods of growth in the 20th century, between

1910 and 1939 (when it doubled) and in the fifties. Since then, it has slowed down, which can be put down to the limited available development area. Land has become very expensive, and as long as the market gardening trade pays, building will stagnate.
Today, the 1278 hectars of the Reichenau are home for around 4800 inhabitants, 3200 of which live on the island. About three quarters of the population are catholic and belong to one of the three island parishes, while the evangelists belong to a daughter church in Constance-Wollmatingen.

The Island of the Gardeners, Wine Growers and Fishermen

Although the community has a well developed trade and even a respectable industrial company, the number of commuters, especially to Constance, is high. However, the island is known for its 250 market gardening firms. A »proper« Reichenau farmer in 1925 grew grapes as well as fruit and vegetables. He probably had a greenhouse, certainly several cold frames, two to three cows, possibly a professional or secondary occupation fishing licence and one or two guest rooms. He took his products to the weekly market in Radolfzell by rowing boat or motor boat, or even to Constance

Au seizième et au dix-septième siècle les moines de Reichenau s'efforcèrent encore une fois de rétablir leur indépendance, mais ces querelles se terminèrent en 1757, lorsqu'ils furent brutalement chassés. En 1803, lors de la dissolution du domaine épiscopal de Constance, l'abbaye fut sécularisée. Désormais l'abbaye appartenait à l'état, les restes de la bilbiothèque autrefois si importante furent transportés à Karlsruhe. Et finalement un point final et peu digne de gloire fut mis à l'histoire de cette abbaye autrefois florissante, lors de la destruction, dans la première moitié du dixneuvième siècle, d'églises et de chapelles datant en partie des dixième et onzième siècles.

L'heritage

A notre époque nous avons encore des liens étroits avec cet »âge d'or«. La population a toujours conscience du fait que son île a joué autrefois un rôle important dans l'histoire. C'est avec fierté et orgueil que les habitants de l'île célèbrent les trois »jours de fête de l'île«: La St Marc le 25 Avril, L'Assomption de la Vierge le 15 Août et le jour le plus important: la fête du Précieux Sang, le lundi qui suit le dimanche de la Ste Trinité. On abandonne le travail au champ, les écoles et les magasins sont fermés. Et ces mêmes reliques qui, il y a mille ans, jouaient déjà un rôle central sont portées à travers les rues décorées au cours d'une procession de fête.
La condition qui permet à cette tradition de rester vivante n'est pas la pratique religieuse mais la constance des habitants de Reichenau, leur identification à leur île. La »Stabilitas Loci«, soit la stabilité du lieu, était à côté de »Ora et Labora«, soit le commandement de prier et de travailler, un point important de la doctrine bénédictine. On dirait presque que les »insulaires« nous ont transmis une partie de leurs principes et les ont sauvés en nous les léguant.

L'eredità

Certamente tra i *tempi d'oro* e il nostro tempo c'è un ponte. Gli attuali isolani sanno benissimo delle loro origini e con orgoglio e autocoscienza festeggiano gli isolani, i tre giorni di festa dell'isola: la festa di San Marco il 25 Aprile, l'assunzione di Maria il 15 Agosto e la festa principale del sangue sacro, il lunedì dopo la domenica della festa della Trinità. In queste feste non si lavora nei campi, scuole e negozi sono chiusi. Le stesse reliquie che un millennio fà hanno avuto un ruolo centrale nell'isola vengono trasportate in una processione di festa attraverso le strade ornate.
I presupposti di questa viva tradizione si devono cercare non in un cristianesimo praticato ma nella Costanza degli isolani e nell'essere cresciuti insieme conl'isola. La *stabilitas loci*, l'appartenenza al luogo si trovava allo stesso posto dell'importante comandamento benedettino *ora et labora*, prega e lavora. Si potrebbe quasi pensare che gli isolani avrebbero trasmesso un pizzico di questi principi fino al nostro tempo.

by handcart or oxcart. At the very least he took them to the Reichenau station to be loaded. He fetched straw, hay, and wood from his land on the mainland with a strongly built haycart, and in winter, when the Gnadensee was frozen over – which happens frequently – by sledge. It is hard today to imagine the diverse, time-consuming and complicated operations which were necessary in this all-round agricultural industry. And they really were necessary, because if it wasn't the grape harvest which was ruined, then the fishing was bad or the vegetables froze. On old photos one can see the densely planted vine plots which covered 200 hectares or half of the island for centuries. In the nineteen twenties, around 50 hectares of widely distributed vineyards remained, which were parcelled on a small scale. This was increasingly replaced by vegetable plots. This led to difficulties with irrigation and pest control. An extraordinarily hard frost in the winter of 1928/9 brought the Reichenau winegrowing industry to a temporary stand-still. The market gardening industry, however, »swallowed« this land without any problem. In 1965 there were only 5 hectares of vineyards left. The small vine plots disappeared due to reparcelling, but at the same time a structural plan was made for the wine industry. In 1975 a wine growing co-operative was founded which now controls around half of the 13 hectares of vineyards. These are concentrated in two areas, on the southern slopes of Hochwart hill and on the Vögelis mountain.

The type of vines grown in the time before 1928 have now almost completely disappeared. The white Müller-Thurgau wine, which is called Riesling-Sylvaner in Thurgau itself, makes up at least half of the yield. A few islanders tried to smuggle the first shoots of this resistant, early maturing and productive vine from Switzerland. This was not far away, and the fine of 50 German Marks has since payed off. About a quarter of the vines are »blue late burgundy« and the rest are Gutedel, Ruländer, Kerner and Muskat.

Although the wine-growing industry has recovered and won back its place in

La vie économique de la commune de Reichenau

La composition de la commune de Reichenau est très compliquée. L'île elle-même ne représente qu'un tiers du territoire. Les deux autres tiers sont formés de cinq possessions désenclavées situées sur la terre ferme, en partie au bord du Gnadensee (Lac de Grâce), en partie sur le »Bodanrück« (terre ferme entre les deux bras du lac). Les bois appartenant à Reichenau et existant dans ces endroits couvrent une surface presqu'aussi importante que celle de l'île. Le dernier tiers se compose des quartiers de »Waldsiedlung« et »Lindenbühl« ainsi que du territoire de l'hôpital psychiâtrique régional, de prairies et d'une partie du marais de Wollmatingen, un site placé sous la protection de la nature. Grâce à ses étendues couvertes de roseaux et de prairies humides et grâce à sa richesse en oiseaux aquatiques celui-ci est un parc naturel de rang européen. Il est confié au »Naturschutzbund Deutschland e. V.« (association pour la protection de la nature en Allemagne, association reconnue d'utilité publique) qui organise des projections et une exposition sur le marais de Wollmatingen dans ses locaux, une ancienne gare de Reichenau, ainsi que des visites guidées dans ce site. C'est à travers ce site protégé que passe la digue de 1,3 km, construite au début du dix-neuvième siècle sous forme de remblai et plantée de deux rangées de peupliers caractéristiques. Elle conduit à l'église d'Oberzell qui semble souhaiter la bienvenue aux arrivants. Entre cette pointe et la pointe ouest de l'île à Niederzell il y a à peu près 5 km, quant à la plus grande largeur, elle est de 1,5 km.

La commune de Reichenau s'est constituée à l'ombre de la puissante abbaye, ou plutôt au cours de sa lutte politique avec elle. Peu après 1400 il y a sur l'île de Reichenau un »Ammann, Rat und Gemeinde« (représentant de l'administration, conseil et commune) et un siècle plus tard on assiste à l'apparition d'un maire qui va réduire petit à petit l'in-

Il Comune di Reichenau e la sua vita economica

Il comune di Reichenau è composto in modo molto complicato. L'isola in sé comprende solo un terzo del territorio rurale del comune. Gli altri due terzi si trovano in cinque exclavi sulla terra ferma, in parte vicino al lago della Grazia ed in parte nel Bodanrück. Le zone boscose di Reichenau in questi territori sono grandi quasi come l'isola. L'ultimo terzo è composto dalle frazioni di Waldsiedlung e Lindenbühl, l'areale dell' ospedale psichiatrico di Reichenau, da prati e da una parte del parco naturale Wollmatinger Ried. Questo parco con le sue lunghissime canne, prati semipaludosi e con il suo patrimonio d'uccelli acquatici costituiscono un monumento naturale di rango europeo. Il Parco viene salvaguardato dalla lega per la protezione delle bellezze naturali, che organizza guide e mostra film documentari e mostre del parco Wollmatinger Ried nel nuovo centro di tutela della natura, nella ex stazione .

Attraverso questo parco naturale si passa su un terrapieno di 1,3 km, rialzato all'inizio del XIX secolo, con le caratteristiche file di pioppi, alla cui fine c'è la chiesa di Oberzell che saluta quanti arrivano. Da qui fino alla punta ovest dell'isola, a Niederzell, ci sono circa 5 km, nel punto più largo misura 1,5 km.

Il comune di Reichenau si è formato all'ombra del potente monastero e più precisamente in lotta politica con questo. Già subito dopo il 1400 c'è a Reichenau *balivo, consiglio e comune* e un secolo dopo c'è il *sindaco* che reprime il balivo monasteriale. Dal 1976 l'amministrazione comunale si trova nell'ala

the range of Reichenau products, fruit-growing has almost disappeared. It was never very significant due to lack of space. At the beginning of the century, however, the Reichenau supplied the markets in the surrounding towns with fruit. Since market gardening has dominated the island's trade, only cider apples and pears are grown, because cider and perry have always been drunk here – the wine was sold! On the other hand, since the reparcelling, which cost around 300 trees, over 1000 new trees and 2000 shrubs have been planted, mainly thanks to the nature conservationists.
The Reichenau farmers used to include fish in their varied sortiment of products, because fishing was and still is an important occupation. Fifty years ago there were over 150 fishermen, both full-time and part-time. Today there are 35 professional fishermen, which is more than half of all the professional fishermen on the Lower Lake. There has always been a master fisherman, who supervised first for the monastery and later for the state of Baden. This office has been held by the same family for over three hundred years.
Until the incorporation of the Reichenau abbey into the Diocese of Constance in 1540, His Grace the Abbot and after him the Bishop of Constance was not only ruler over the fishing industry in the Lower Lake, but also the owner of all fishing rights in the Gnadensee and Markelfingen bay. Although the Reichenau feudal fishermens had a part in the fishing industry in the Lower Lake, the residents of the outer lake were denied access to the fishing grounds in the Gnadensee.

fluence du représentant du monastère. Depuis 1976 c'est l'aile sud de l'ancien bâtiment carré du monastère qui abrite les services de l'administration municipale, tandis que l'ancien hôtel de ville, dans la rue nommée »Ergat«, abrite aujourd'hui le musée local. Les »insulaires« sont fiers de leur commune qui s'est défendue avec succès contre son absorbtion par la municipalité de Constance.
Une étude démographique montre qu'il y a eu au vingtième siècle deux phases importantes de croissance pour la commune, notamment entre 1910 et 1939 (la population double) ainsi que dans les années 50. Depuis le développement s'est ralenti, ce qui bien sûr est dû à l'offre trop limitée en terrains à bâtir. Le prix du terrain est très élevé et aussi longtemps que la culture des légumes sera rentable la construction des villas ne se développera pas.
Aujourd'hui il y a plus de 4800 habitants sur les 1278 hectares de la commune de Reichenau, et 3200 d'entre eux habitent l'île elle-même. Environ les deux tiers de la population sont catholiques et font partie de l'une des trois paroisses de l'île, tandis que les protestants évangéliques sont rattachés à une petite église dépendant de la communauté de Constance-Wollmatingen.

L'île des jardiniers, des vignerons et des pêcheurs

Quoiqu'il y ait dans la commune une industrie bien développée et une zone industrielle respectable, le nombre de personnes qui font la navette pour se rendre à leur travail, surtout à Constance, est élevé. L'île a acquis sa renommée grâce au nombre de ses exploitations maraîchères (plus de 250). Un cultivateur respectable de Reichenau aux environs de 1925, pratiquait aussi bien la culture de la vigne et des arbres fruitiers que celle de plus en plus répandue des légumes, il avait peut-être déjà une serre, probablement quelques plates-bandes réservées à la culture des primeurs, deux ou trois vaches et peut-être un

sud dell'allora monastero diviso in quattro, mentre il vecchio municipio nell' Ergat ospita il museo regionale. Gli isolani sono orgogliosi del loro comune, che con successo si è difeso contro l'aggregazione al Comune di Costanza.
Lo sviluppo della popolazione mostra nel XX secolo due significative fase di crescita del Comune e precisamente tra il 1910 e il 1930 (raddoppiamento), come anche negli anni cinquanta. Da allora la crescita si è rallentata, da collegare certamente alla limitata offerta di terreno edilizio. Il terreno è diventato molto caro e fino a quando la coltivazione degli ortaggi rimane redditizia la costruzione di ville si stagnerà.
Oggi abitano nei 1278 ettari del Comune di Reichenau circa 4800 abitanti di cui 3200 nell'isola. Circa tre quarti della popolazione sono cattolici ed appartengono ad una delle tre parrocchie dell'isola, mentre i protestanti sono stati assegnati alla chiesa filiale del Comune di Costanza-Wollmatingen.

L'isola degli ortolani, viticoltori e pescatori

Sebbene ci sia nel Comune un commercio ben sviluppato ed addirittura una rispettabile attività industriale, il numero dei pendolari, principalmente verso Costanza, è alto. L'isola è diventata famosa però per le sue 250 aziende d'ortaggi. Un vero agricoltore coltivava verso il 1925 sia le vigne come anche frutteti e sempre di più orti. Aveva forse già una serra, certamente più letti caldi, fino a tre mucche, possibilmente un permesso per la pesca o per l'esercizio professionale o come seconda attività e una o due stanze da affittare. Portava i suoi prodotti al mercato, a Radolfzell con la barca a remi o a motore oppure a Costanza o alla stazione di Reichenau per spedirli addirittura con un carretto tirato a mano o da mucche. Portava dal suo podere sulla terra ferma con *gondole* fortemente costruite paglia, fieno, grumereccio e legno e in inverno quando il lago della Grazia era ghiacciato – cosa non rara – con la slitta. Oggi non ci si può più immaginare come tali operazio-

The fishermen today use mainly anchored floating nets and ground nets to catch their fish. Every day from around five in the evening they are brought out by the fishermen, except in the close seasons and at the weekend, which is still a very picturesque sight. They are brought in again the next morning so early, that in order to see them or even go out with them, you would have to get up in the morning at three o'clock in the summer.

Fishing was done with drag nets until around 1950. Big tarred wooden boats were used on the Lower Lake for this. On the Reichenau these were called »Watt«, like the nets. A »Watt« consisted of a 180 metre long and over 20 metre wide fine mesh net with pieces of poplar bark or cork as floats. It was thrown around the presumed shoal of fish and drawn in immediately by four men. Around 1900 there were still a dozen of these boats on the Reichenau. This type of fishing was extremely hard work. A fisherman's typical day looked something like this: early in the morning he would take his boat, perhaps against the west wind, as far as Mammern or Eschenz, where he would cast his net a few times. Then he would put up his sail and let himself be carried into the Ermatingen basin, casting his net again on the way. The two kilometres along the Seerhein (leading to the main part of the lake) had to be rowed. In the Constance »funniel«, he would cast some more. Towards evening, he would let himself be carried back down the Seerhein towards the island. The people of the Reichenau used to catch bream in particular, because although it was not popular in restaurants, at home it often replaced expensive meat and the finer fish, which they preferred to buy. In the spawning season in Spring, the bream gather in large numbers near the mouth of the Aach, not far from Radolfzell.

permis de pêche professionnel ou pour une activité à temps partiel, et finalement aussi une ou deux chambres d'hôte; il acheminait ses produits par bateau à rames ou à moteur vers le marché de Reichenau, ou, au moyen d'une charrette qu'il poussait lui-même ou d'un attelage de vaches jusqu'à la gare de marchandises de Reichenau, vers le marché de Constance. Il allait chercher la paille pour les litières, le foin et l'herbe (fournie par la deuxième coupe) sur les parcelles de terrain qu'il possédait sur la terre ferme au moyen de »Heugondeln« (gondoles à foin), de construction robuste, et en hiver, quand le lac était gelé – ce qui arrive fréquemment – au moyen d'un traîneau. C'est à peine si on peut s'imaginer aujourd'hui combien des gestes et de parcours innombrables, variés, longs et compliqués étaient nécéssaires pour le travail dans une telle forme d'agriculture non spécialisée; et ils étaient nécéssaires, au sens fort du terme, soit nécéssaires à la vie, car tantôt c'était la récolte des vignes qui était anéantie, tantôt c'était la pêche qui n'était pas bonne et tantôt c'etaient les légumes qui gelaient.

Sur les vieilles photos on voit encore les parcelles de vigne, où les ceps étaient serrés les uns contre les autres et, qui, pendant des siècles, ont recouvert environ 200 hectares, soit la moitié de l'île. Dans les années vingt de notre siècle, il n'y avait plus qu'environ 50 hectares de vignes, des petites parcelles très disséminées, de plus en plus coupées les unes des autres par des champs de légumes, ce qui posait bien des problèmes pour l'arrosage et la lutte contre les parasites. Un gel particulièrement fort au cours de l'hiver 1928–1929 provoqua la fin provisoire de la tradition viticole sur l'île de Reichenau. Les cultures maraîchères »absorbèrent« cependant sans effort les surfaces disponibles; ce n'est qu'en 1965 qu'on planta à nouveau 5 hectares de vigne. Le remembrement fit disparaître les dernières petites parcelles de vigne, mais on conçut en même temps un plan selon lequel on replanterait les vignes, et, en 1975, on fonda une coopérative viticole, dont dépend aujourd'hui la moitié des 13 hectares de vignes actuels. Ces vignes sont pour la plupart concen-

ni e procedimenti di lavoro erano molteplici, dispendiosi di tempo e complicatamente tortuosi, ma necessari, nel senso della parola, in questa economia pluricultrice dove ora c'era una cattiva annata per la raccolta dell'uva ora una pesca magra ora gli ortaggi andavano in rovina per il gelo.

In vecchie fotografie si possono ancora vedere le particelle di coltivazioni intense di viti che per secoli si estendevano per circa 200 ettari, quasi la metà dell'isola. Negli anni venti del nostro secolo c'erano ancora circa 50 ettari di vigne molto sparse e spesso in piccole particelle e sempre in maggiore quantità tra questi orti, cosa che rendeva difficoltoso l'irrigazione e la lotta antiparassitaria. Una gelata eccezionalmente forte nell'inverno 1928/29 segnò la fine per un certo periodo della millennaria tradizione della viticoltura di Reichenau. La piantaggione di ortaggi »divorò« però queste superfici senza fatica. Solo nel 1965 c'erano di nuovo 5 ettari di vigne. La ricomposizione fondiaria fece scomparire le ultime piccole particelle di vigne e creò nello stesso tempo un piano di ricoltivazione delle vigne. Nel 1975 fu fondata una cooperativa di viticoltori che comprende oggi circa la metà dei 13 ettari delle vigne dell'isola. Le vigne si trovano in gran parte in due aree: nel pendìo sud dell'Hochwart e nel Vögelisberg.

Fishermen from all round the Lower Lake met here and often returned home with overflowing boats. This fish is still popular cooked in clear water and above all smoked. Bream rissole, a Reichenau delicacy, is even made from it.
Wine and vegetables go with fish! Even those who do not know of the wine-growers and fishermen of the Reichenau know of it as the vegetable island. Since the middle of the 19th century, everything possible has been grown in the thinning vineyards, particularly green beans, which were delivered to the canning factories. Around the turn of the century, wine-growing and outdoor vegetable-growing were on a par. However, very few of the inhabitants could devote themselves to intensive market gardening at the time, because they had other jobs. But since vegetable-growing brought in a more reliable yield than wine or fruit-growing or the fishing industry, it increased steadily. The cultivable land doubled between 1920 and 1930, a co-operative was formed and the wholesale market gardening trade, which was operated by several families, delivered to the surrounding towns near and far. In the thirties and during the war, almost all the production was delivered by rail to the big markets in Stuttgart, Nuremberg and Munich. In the following decades, livestock, fruit-growing and partly wine-growing were »sacrificed« for intensive market gardening. The island only obtained a drinking water supply in 1933. Until then, water had to be fetched from the lake in a tub

trées en deux endroits: le versant sud du Hochwart et le Vögelisberg.
Les anciens cépages, du même type que ceux que l'on avait avant 1928, ont presque disparu aujourd'hui. La plus grande partie de la récolte fournit un vin blanc: le »Müller-Thurgau«, que dans le canton de Thurgau même, on nomme le »Riesling-Sylvaner«. Il parait que quelques insulaires auraient rapporté de Suisse en fraudant la douane les premiers pieds de ce cépage résistant, dont la récolte est hâtive et abondante. Il faut dire que ce n'était pas loin et que l'amende de 50 DM s'est révélée rentable! Le cépage »Blauer Spätburgunder« représente à peu près un quart des pieds de vigne et les autres sont répartis entre les cépages: »Gutedel«, »Ruländer«, »Kerner« et »Muskat«.
Ainsi la culture de la vigne a repris vie et a conquis une place respectable sur la palette des produits provenant de l'île de Reichenau, et c'est pourquoi la production de fruits n'est plus un sujet d'actualité. Cela ne peut pas l'avoir été dans le passé non plus, et cela pour une bonne raison: le manque de place. Cependant au début de notre siècle les habitants de Reichenau approvisionnaient en fruits les marchés des villes voisines. Mais depuis que les cultures maraîchères occupent une place prépondérante, il n'y a plus de place que pour les fruits avec lesquels on fait le »Most« (sorte de cidre), car le »Most« de pommes et de poires a été pendant longtemps la boisson habituelle – en effet, il est clair qu'on vendait le vin. Par contre depuis le remembrement des terres qui a coûté la vie à environ 300 arbres de l'île, plus de 1000 arbustes et de 2000 buissons ont été replantés, et tout particulièrement dans l'intention de protéger le paysage.
Les cultivateurs de Reichenau avaient autrefois également des poissons dans l'assortiment de choses qu'ils apportaient au marché, en effet la pêche, activité professionnelle principale ou complémentaire a été et est toujours une chose importante. Il y a cinquante ans, il y avait ici plus de 150 pêcheurs professionnels, qu'il s'agisse de leur activité professionnelle principale ou de complément, et aujourd'hui il y a encore 35 pêcheurs professionnels, et ceci repré-

I vecchi vini del periodo prima del 1928 sono quasi completamente scomparsi. Ben la metà della produttività è costituita dal vino bianco *Müller-Thurgau*, nella torgovia stessa chiamato *»Riesling-Sylvaner«*. Alcuni isolani avrebbero tentato di contrabbandare dalla Svizzera i primi germogli di questi restitenti viti primizie e molto produttive. Certamente non era lontano e la multa di 50 DM ne è valsa la pena. Circa un quarto delle viti è *Spätburgunder blu* e il resto *Gutedel, Ruländer, Kerner* e *Moscato.*
La coltivazione della vite si è ben ripresa ed ha raggiunto un buon livello nell'offerta dei prodotti di Reichenau, mentre quella della frutta non è di alcuna rilevanza. La coltivazione della frutta possibilmente non è stata importante neanche nei tempi precedenti per ragioni di spazio. Comunque gli isolani fornivano frutta ai mercati delle città circostanti all'inizio di questo secolo. Però da quando gli ortaggi dominano, c'è posto solo per qualche albero di frutta per il mosto. Il mosto di mela e di pera è stata la bevanda usuale per lungo tempo – il vino veniva venduto. Però dalla ricomposizione fondiaria, che costò la vita a 300 alberi dell'isola furono piantati più di 1000 nuovi alberi e 2000 cespugli, principalmente per ragioni di protezione dell'ambiente.
I contadini di Reichenau avevano prima tra le loro molteplici offerte di merce anche il pesce, poiché la pesca era ed è ancora una attività importante sia professionalmente che collateralmente. 50 anni fà, c'erano più di 150 pescatori, oggi solo 35, ma sempre più della metà dei pescatori del lago Inferiore. Da sempre c'è un *maestro dei pescatori*, che prima era impiegato del monastero, dopo del comune. Da più di trecento anni questa funzione è esercitata dalla stessa famiglia.

for the house and stall, and in a manure container for the fields. Now it was possible to water the fields near the houses. Intensive irrigation, however, reduces humus, which had to be replaced at first with bought horse manure from the barracks in the region. Towards the end of the war, production dropped considerably. The evacuation of the island introduced by the French occupational authorities in May 1945 was a hefty blow to the vegetable-growing industry. When the inhabitants were allowed to return in late summer, the land was completely overgrown, many greenhouses maliciously damaged, the houses and barns plundered.
After the monetary reform, things quickly improved. In the fifties, the island, which was previously so quiet, started to get noisy: tractors and motorized cutters replaced the muscle power of animals and man. The number of greenhouses had doubled by the sixties and this increase only stagnated during the energy crisis. The extension of the irrigation system in stages and the reparcelling between 1966 and 1980, which were linked, transformed the Reichenau from an idyll into a well organized, thoroughly rationalized and mechanized production landscape, which redetermined the character of the island to a large extent. Recently another branch of industry has started to invade the island more and more, namely tourism. The most popular type of guest on the Reichenau is the regular, who comes back every year and stays for a while. A reception is organized in honour of the most faithful, and the island has had its regulars ever since tourists have existed. 120,000 of the over 200,000 or more annual overnight guests are apportioned to the 800 or so beds in hotels, holiday homes and flats and guest rooms, and approximately 90,000 to the camping grounds. Two of these are situated on the mainland. In addition, there is a huge number of day tourists, for which there are no reliable statistics. These day trippers come mainly by bus or car, contribute considerably to the traffic on the island and intensify the mark of civilization on the delicate nature of the lakeside area.

sente plus de la moitié de tous les pêcheurs professionnels travaillant sur l'Untersee (Lac Inférieur). Depuis toujours il y a également un »Fischermeister« (maître-pêcheur, ou garde-pêche), le responsable de la pêche, venu jadis du monastère et plus tard du Pays de Bade. Depuis plus de trois-cents ans c'est la même famille qui exerce ces fonctions. Jusqu'à l'incorporation de l'abbaye de Reichenau à l'évêché de Constance en l'année 1540, l'abbé Ihro Gnaden, et après lui l'évêque de Constance furent non seulement les maîtres absolus de la pêche dans l'Untersee, mais aussi les propriétaires de tous les droits de pêche dans le Gnadensee et dans la baie de Markelfingen. Tandis que les pêcheurs de Reichenau, vassaux de ces maîtres, pouvaient pratiquer la pêche habituelle dans les eaux de l'Untersee, les habitants domiciliés sur les autres rives du lac se voyaient interdire la pêche dans les eaux du Gnadensee.
Le matériel utilisé aujourd'hui par les pêcheurs de l'Untersee est surtout constitué de filets flottants, ancrés en des points fixes, et de filets déposés sur le fond du lac. A partir de cinq heures de l'après-midi, sauf aux époques où on doit ménager le poisson et pendant les week-ends, on voit tous les jours les pêcheurs les déployer et aujourd'hui encore c'est un beau spectacle. Le ramassage a lieu le lendemain matin, si tôt, qu'en été, il faudrait déjà sortir de son lit à trois heures, si on voulait y assister ou même accompagner les pêcheurs sur leurs bateaux.
Jusqu'en 1950 environ la pêche au filet était répandue. Sur l'Untersee on a utilisé pour cela et jusqu'au bout des bateaux de bois goudronnés qu'à Reichenau on appelle »Watt«, comme l'outil utilisé lui-même. Un Watt se composait d'un filet de 180 mètres de long et de plus de 20 mètres de haut, muni de flotteurs faits d'écorce de peuplier ou de morceaux de liège. On le jetait là où l'on croyait qu'il y avait un banc de poissons, et quatre hommes le tiraient immédiatement. Vers 1900 il y avait encore sur l'île de Reichenau une douzaine de tels bateaux appelés »Watt«. Ce type de pêche était un travail très dur. La journée typique des pêcheurs sur Watt se dérou-

Fino all' incorporazione dell'abazia di Reichenau al vescovado di Costanza nell'anno 1540, l'abate, sua eminenza, e dopo di lui il vescovo di Costanza, era non solo il signore assoluto sulla pesca nel lago Inferiore, ma anche detentore dei diritti di pesca nel lago della Grazia e nella baia di Markelfingen. Mentre i pescatori di Reichenau avevano il diritto di pescare ovunque nel lago Inferiore, agli altri della terra ferma era negato di pescare nel lago della Grazia.
Come attrezzi di pesca i pescatori del lago Inferiore usano oggi principalmente reti ancorate, fluttanti e fondali. Dalle cinque di sera, tranne nel periodo di divieto di pesca ed il fine settimana, quotidianamente gettano le loro reti, ancora oggi un bel ritratto. Le reti vengono tirate il mattino dopo, così presto che in estate dovremmo alzarci già alle tre per osservarli o addirittura accompagnarli. Fino al 1950 era diffusa la pesca con reti a strascico. Nel lago Inferiore si usavano per questo tipo di pesca, fino a tempi recenti, grandi barche di legno trattate con pece che insieme alla rete vengono chiamate, a Reichenau, *Watt*. Una *Watt* consisteva da una rete densa, lunga 180 metri e larga più di 20 metri con pezzi di scorze di pioppo o di sughero come galleggianti. Veniva gettata intorno al presunto banco di pesci e subito dopo raccolta da quattro uomini. Intorno al 1900 c'erano ancora una dozzina di queste barche (watt). Questa pesca significava lavoro durissimo. Una giornata tipica di questo pescatore così può essere descritta: la mattina presto andava con la barca, contro il vento d'ovest, fino all'altezza di Mammern o Eschenz e lì o durante il viaggio faceva alcune gettate.

lait ainsi: à l'aube – et peut-être contre le vent – on allait jusqu'à la hauteur de Mammern ou d'Eschenz et là et en cours de route on essayait quelques coups de filet. Puis on hissait les voiles et on se laissait dériver jusqu'au bassin d'Ermatingen, non sans essayer l'un ou l'autre coup de filet. Il fallait ensuite ramer sur les deux kilomètres de courant contraire crées par les passage du Rhin dans le lac. Dans l'entonnoir de Constance il y avait à nouveau des prises à tirer. Vers le soir on se laissait dériver dans le courant cré par le passage du Rhin dans le lac, et ceci jusqu'à l'île de Reichenau. Les pêcheurs de Reichenau avaient l'habitude de pêcher la brème, car ce poisson, qui certes c'était pas demandé dans les restaurants, remplaçait souvent la viande, trop chère, et les poissons plus nobles que l'on vendait. A l'époque de la ponte des œufs, au printemps, les brèmes se rassemblaient en très grand nombre, plus vite que les autres espèces et surtout à l'embouchure de l'Aach, près de Radolfzell. Les pêcheurs de tout l'Untersee se retrouvaient souvent là, au cours de ces nuits et rentraient avec des bateaux pleins à craquer. Ce poisson conservé dans des bassins d'eau douce ou fumé a toujours beaucoup de succès aujourd'hui. On fabrique même avec sa chair une spécialité propre à l'île de Reichenau: les croquettes de brème.

Pour accompagner le poisson il faut du vin et des légumes. Même les gens qui connaissent peu ou mal les viticulteurs et les pêcheurs de Reichenau, savent que Reichenau est une île à légumes, et ceci depuis longtemps. Depuis le milieu du dix-neuvième siècle on plantait dans les vignobles de plus en plus clairsemés toutes sortes de choses, surtout des haricots verts, que l'on livrait à des conserveries. Au tournant du siècle on avait déjà atteint une parité entre les terrains occupés par la vigne et ceux occupés par les légumes plantés en plein champ. Mais il n'y avait que peu d'habitants de l'île, qui à cette époque – là pouvaient se livrer à la culture intensive des légumes, ils devaient d'abord se consacrer à d'autres activités qui leur permettaient de gagner leur vie. Mais comme la culture des légumes fournissait des revenus plus réguliers que celle de la vigne et des

Poi alzava la vela e si lasciava spingere fino ai bacini di Ermatingen, sempre provando una gettata qua e una gettata la. I due chilometri lungo il Reno doveva remare e nell'imbuto di Costanza la stessa cosa. La sera si faceva trasportare dalle correnti del reno, che attraversa il lago, verso casa. Particolarmente gli isolani curavano la pesca dell'abramide comune, che in quanto non era ricercato nelle trattorie, sostituiva a casa il consumo della carne o del pesce nobile, che veniva preferibilmente venduto. Nel periodo di deposito delle uova, nella primavera, gli abramidi si raccoglievano numerosi soprattutto nella foce del Aach, non lontano da Radolfzell. I pescatori di tutto il lago Inferiore si incontravano qui in queste notti e ritornavano a casa spesso con le barche piene fino al

arbres fruitiers ou que la pêche, elle a pris des proportions de plus en plus grandes. Entre 1920 et 1930 la surface cultivée a doublé, on a fondé une coopérative et les quelques familles qui pratiquaient le commerce en gros des légumes se sont mises à livrer les villes proches ou plus éloignées. Dans les années trente et pendant la guerre on livrait déjà presque toute la production aux halles de Stuttgart, Nüremberg et Münich, par chemin de fer. Au cours des décennies qui ont suivi, on a sacrifié l'élevage et la culture des vignes et des arbres fruitiers aux cultures maraîchères intensives. Ce n'est qu'en 1933 que l'île a été dotée d'une installation pour l'approvisionnement en eau potable. Auparavant il fallait aller chercher l'eau dans le lac, pour la maison au moyen de baquets portables et pour les champs, au moyen de tonneaux à purin. Dès ce moment-là on a pu arroser les champs proches des maisons. Mais un arrosage intensif représente une plus grande consommation d'humus, un problème qui a été réglé au début par l'achat de fumier de cheval dans les casernes de la région.

Vers la fin de la guerre la production a beaucoup baissé. En raison de l'évacuation de l'île ordonnée par les autorités françaises en 1945, les cultures maraîchères ont subi un coup très rude. Lorsque les habitants ont été autorisés à revenir sur l'île à la fin de l'été, les cultures étaient à l'abandon, beaucoup de serres avaient été volontairement endommagées et les maisons et les granges avaient été pillées.

Cependant après la réforme monétaire, le rétablissement a été rapide. Dans les années cinquante le bruit a pris sur l'île, jusque là tranquille, des proportions nouvelles: tracteurs et fraises à moteur remplaçaient à coups de décibels la force musculaire des hommes et des animaux. La surface des cultures sous serre avait déjà doublé avant la fin des années soixante, et leur nombre est resté stagnant pendant la crise de l'énergie. L'installation progressive des structures d'arrosage à distance, et, par voie de conséquence, le remembrement qui a eu lieu entre 1966 et 1980 a transformé le caractère idyllique de l'île de Reichenau

colmo. Conservato in acqua chiara e soprattutto affumicato questo pesce è ancora oggi ricercato. Addirittura c'è una specialità di Reichenau a base di questo pesce: hamburger di abramido.

Col pesce vanno vino e verdure. Persino chi non conosce i viticoltori e i pescatori di Reichenau, sa che Reichenau è l'isola delle verdure. Dalla metà del XIX è stata piantata, tra le viti diventate sempre più rade, ogni cosa soprattutto fagiolini verdi che venivano forniti alle fabbriche di conserve. Al passaggio del secolo fu già raggiunta la parità tra la coltivazione di vino e di ortaggi. Solo pochissimi isolani potevano però dedicarsi alla coltivazione degli ortaggi intensamente, poiché esercitavano anche altre attività. Siccome la coltivazione degli ortaggi portava guadagni più sicuri di quella della frutta e del vino come anche della pesca, aumentava continuamente. Tra il 1920 e il 1930 si raddoppiò la superficie di coltivazione, fu fondata una cooperativa e il commercio all'ingrosso delle verdure, che era gestito da diverse famiglie, forniva le città vicine e lontane. Negli anni trenta e durante la guerra tutta la produzione veniva spedita col treno ai mercati generali di Stoccarda, Norimberga e Monaco. Alla coltivazione intensiva degli ortaggi furono »sacrificati« nei decenni seguenti l'allevamento del bestiame, la coltivazione della frutta e in parte quella della vite. Solo nel 1933 l'isola ebbe l'approvvigionamento d'acqua potabile. Prima l'acqua per la casa e la stalla doveva essere trasportata addosso con botte cisterna, per i campi veniva presa dal lago con botte di liquame; ora era possibile l'annaffiamento dei campi vicino alla casa. Una irrigazione intensiva porta però via l'humus, che all'inizio doveva essere completato con letame comprato dalle caserme della regione. Verso la fine della guerra la produzione diminuì sensibilmente. Con la disposizione di evacuazione dell'isola da parte delle autorità d'occupazione francese, nel Maggio del 1945 fu dato un grave colpo alla coltivazione degli ortaggi. Quando gli abitanti nella tarda estate poterono ritornare trovarono le colture inselvaggite, molte serre appositamente danneggiate, le case e le stalle spogliate.

en un paysage de production agricole bien organisé, complètement rationalisé et technicisé et c'est là aujourd'hui le trait dominant de son caractère.
Dans les toutes dernières années il y a encore une autre branche économique qui marque l'île de plus en plus: il s'agit du tourisme. L'hôte que l'on reçoit le plus volontiers sur l'île, est celui qui revient d'une année sur l'autre, et qui fait un long séjour. Pour les hôtes les plus fidèles on organise des réceptions d'honneur, quant aux hôtes habitués il y en a sur l'île depuis qu'il y a des touristes. Des 200000 nuitées que l'on compte par an, 120000 sont réparties sur les 800 lits d'hôtels, de maisons de séjour, d'appartements de vacances et de chambres d'hôte, et à peu près 90000 sur les terrains de camping. Deux d'entre eux se trouvent su la terre ferme. Il faut ajouter à tout cela un énorme tourisme à la journée pour lequel il n'y a pas de chiffres précis. Ces touristes qui viennent faire une excursion voyagent surtout en autocar et en voiture et ils contribuent aux nuisances d'une trop grande circulation sur l'île; ils renforcent par là le fléau que la civilisation impose à la très sensible vie de la nature dans les zones de rivages.

Dopo la riforma monetaria tutto andò di nuovo a gonfie vele. Negli anni cinquanta diventò tutto un pò più rumoroso sulla tranquilla isola: trattori e frese a motore sostituirono la forza muscolare dell'uomo e degli animali. Le serre si raddoppiarono fino agli anni sessanta e solamente durante la crisi energetica tale sviluppo stagnò. Il graduale ampiamento di grandi dispositivi d'irrigazione e la collegata ricomposizione fondiaria tra il 1966 e il 1980 trasformarono la produzione agricola di Reichenau, trasformandone ampiamente il carattere da idillica a un'isola ben organizzata, pienamente razionalizzata e tecnicizzata.
Negli ultimi anni un altro settore economico dà un nuovo carattere all'isola: il turismo. Il turista più caro a Reichenau è chi ogni anno ritorna e rimane per lungo tempo. Ai più fedeli sono riservati gli onori di ricevimento e l'isola di turisti abituali ne ha già da quando esiste il turismo. L'isola registra più di 200 000 pernottamenti annuali, di cui 120 000 toccano ai circa 800 letti di alberghi, pensioni, case di vacanze e appartamenti privati e circa 90 000 ai posti in campeggio di cui due si trovano sulla terra ferma. Inoltre c'è un grande turismo giornaliero di cui però non ci sono dati affidabili. Questi visitatori viaggiano con bus e vetture private, contribuiscono considerevolmente all'intensificazione del traffico sull'isola e rafforzano la pressione della civilizzazione sulla sensibile vita naturale delle rive.